我们一起解决问题

企业纳税实务指引与案例解析

魏春田 著

人民邮电出版社
北京

图书在版编目（CIP）数据

企业纳税实务指引与案例解析 / 魏春田著. -- 北京：人民邮电出版社，2022.3
ISBN 978-7-115-58417-5

Ⅰ．①企… Ⅱ．①魏… Ⅲ．①企业管理－税收管理－中国 Ⅳ．①F812.423

中国版本图书馆CIP数据核字(2021)第269451号

内 容 提 要

近些年，国家财税政策变动频繁，而企业在生产经营过程中又会遇到许多涉税问题，如果处理不当，就会给企业带来极大的税收风险。

《企业纳税实务指引与案例解析》是作者三十余年税务工作经验的总结。书中内容源于实践、基于实战，深入解读了企业常见的三大税种，即增值税、企业所得税和个人所得税的法律法规与税收政策，详细介绍了三大税种的征收规定、优惠政策、税务稽查及业务处理要点。全书将税务基础知识、政策法规、纳税实务与案例分析结合起来讲解，提供了可落地的税务处理方法与筹划技巧，具有较强的适用性和可操作性，能够帮助企业规避税务风险，合法减轻税负。

本书内容翔实，案例典型，既适合从事财税工作的实务界人士和零财税基础的商务人士阅读，也可以作为财经院校相关专业课程的指导用书。

◆ 著　　魏春田
　　责任编辑　付微微
　　责任印制　彭志环

◆ 人民邮电出版社出版发行　北京市丰台区成寿寺路11号
邮编　100164　电子邮件　315@ptpress.com.cn
网址　https://www.ptpress.com.cn
三河市祥达印刷包装有限公司印刷

◆ 开本：700×1000　1/16
印张：13.25　　　　　　　　　2022年3月第1版
字数：160千字　　　　　　　　2022年3月河北第1次印刷

定价：69.00元

读者服务热线：(010) 81055656　印装质量热线：(010) 81055316
反盗版热线：(010) 81055315
广告经营许可证：京东市监广登字20170147号

前言

过去很长一段时间,人们都对税收不太关注,主要原因在于税收离大家的生活太远,既看不见,也摸不着,不关注也是一件自然的事情。

近些年,随着我国经济的发展、国家税收制度的改革以及税收优惠政策的出台,人们对税收的关注度越来越高,增值税、企业所得税与企业的经营收入息息相关,而个人所得税与个人的收入息息相关,都是关系着钱袋子的事,自然会引起大家的注意。这也让税收从过去一个不起眼的小角色,逐步走向台前,成为万众瞩目的对象。

然而,大多数人对税收的认识还仅仅停留在知道的层面,至于税收是什么、都有哪些、怎么征收的、如何缴纳等不甚了解,甚至有些企业的财务人员都没有系统地学习过税收知识,对税收的认识也含糊不清,稀里糊涂地做账、开票、缴税,这会给企业带来极大的税收风险,因此涉及刑事案件的也不在少数。

由于税收的规定浩如烟海,涉及财会知识、法律知识,并且不同的行业又有一些特殊的要求,加之一些条文的表述刻板,读起来生涩难懂,更有不同税种之间对相同概念认定上存在的差异,凡此种种,让人望而生畏。

我从事税务工作三十余年,深知税法学习的不易,而传播税法,使税法为普罗大众所知悉,并按规定依法纳税,乃每个税务人的工作职责,故从2017年自办公众号"魏言税语",至今已五年有余,所发表的涉税文章千余篇，其中绝大多数为自己一笔一画所写的原创文章。文章内容涵盖了税收政策、税收管理、税务稽查、税收筹划、纳税人权利、案例分析等各个方面，每篇文章力争以简单、深入浅出的方式，把复杂的税收问题讲得生动有趣，以使纳税人及社会公众改变对税收晦涩难懂的印象。

现将文章整理成书以飨读者，由于自身水平有限，即使付出了十二分努力，书中也难免有错漏，恳请读者批评指正，若能提出合理化建议，则不胜感激。

魏春田

2022年1月10日

目录

第一部分
税收知识综述

西方有个说法,"唯有死亡与税是不可避免的。"中国也有类似的说法,"皇粮国税,自古有之。"其实不论东西方,有什么样的说法,有一点是完全相同的,自从有了国家就有了税收。而随着社会的进步和发展,文明程度的不断提高,税的种类越来越多,结构也越来越复杂,其对个人、企业乃至整个社会的影响越来越大,不可等闲视之。

第一章　税收的原则 / 3

一、税收法定原则 / 3

二、税收公平原则 / 5

三、税收效率原则 / 6

四、实质课税原则 / 6

第二章　税收的基本要素 / 9

一、纳税人 / 9

二、课税对象 / 10

三、税率 / 10

四、纳税环节 / 11

　　五、纳税期限 / 11

　　六、纳税地点 / 12

第三章　税制体系和结构 / 13

　　一、世界各国的税制选择 / 13

　　二、我国的税制 / 14

　　三、税收优惠 / 19

第二部分
增值税范畴

随着营业税从我国税收舞台上彻底消失，增值税成了我国名副其实的第一大税种。由于增值税在整个税制结构和财政收入中所占的地位举足轻重，可谓牵一发而动全身，因此围绕增值税所进行的制度设计纷繁复杂，大家理解和把握起来有一定的难度，操作起来风险也不小，需要谨慎对待。

第四章　增值税的征收规定 / 23

　　一、增值税的变迁 / 23

　　二、增值税的征收范围 / 24

　　三、纳税人认定与登记 / 28

第五章　深化增值税改革的有关政策 / 35

　　一、减税降费 / 35

　　二、调整抵扣政策 / 36

　　三、期末留抵退税 / 37

　　四、简易征收 / 38

第六章 集团各单位之间的资金借贷 / 41

一、集团各单位资金借贷的纳税规定 / 41

二、企业集团统借统还免征增值税 / 41

三、资金无偿借贷免征增值税 / 42

第七章 视同销售与进项税额转出 / 45

一、视同销售的规定从何而来 / 46

二、外购服务对外赠送是否视同销售 / 47

三、哪些情况需要做进项税额转出 / 48

四、如何区分视同销售与进项税额转出 / 50

五、增值税进项税额转出的税务处理 / 50

六、个人借钱给单位是否视同销售 / 53

七、企业购进货物的进项抵扣规定 / 54

第八章 异常凭证 / 55

一、异常凭证对企业产生的影响 / 55

二、异常凭证的种类 / 56

三、异常凭证能否作为税前扣除凭证 / 57

四、发票列入异常凭证的处理规定 / 58

五、权利救济、优惠待遇与特别规定 / 59

第九章 增值税零申报的风险 / 61

一、企业进行零申报的条件 / 61

二、免税零申报的风险 / 62

三、当期未发生收入做零申报的风险 / 62

四、亏损后做零申报的风险 / 63

第十章 增值税疑难问题的处理 / 65

一、如何区分混合销售与兼营 / 65

二、如何区分融资租赁与融资性售后回租 / 67

三、进口业务增值税的征收 / 70

四、土地价款的差额计税 / 70

五、折扣销售与销售折扣的不同纳税结果 / 71

六、旧货不同的税收待遇 / 72

七、包装物押金的税收问题 / 73

八、向境外支付服务费的税收问题 / 75

九、收到违约金是否要交增值税 / 76

十、重组的税务处理 / 77

十一、用于职工福利所购进固定资产的进项抵扣 / 78

十二、捆绑销售与"加量不加价"销售的计税差异 / 79

第三部分
企业所得税范畴

在我国的税制结构中，企业所得税是非常复杂的一个税种。其仅收入总额中征税的项目就有9项之多，可以在税前扣除的费用有12大类，而每一项每一类都有具体的规定，更有诸多企业所得税优惠政策。这些税收规定与优惠政策在落实的过程中，难免会出现问题，成为企业在所得税汇算清缴时的难点和痛点。

第十一章 税前扣除凭证政策解读 / 83

一、税前扣除凭证的定义 / 83

二、税前扣除依据与时间 / 84

三、税前扣除凭证的种类 / 85

　　四、对劳务的理解 / 88

　　五、不合规的发票与外部凭证 / 89

　　六、无法补开、换开发票的规定 / 90

第十二章　汇算清缴税前的扣除问题 / 91

　　一、"三作两不作" / 91

　　二、一次性支付的跨年费用的扣除规定 / 93

　　三、职工福利费的扣除规定 / 93

　　四、职工教育培训经费的扣除规定 / 95

　　五、补充养老与医疗保险的扣除规定 / 98

　　六、公益性捐赠的扣除规定 / 99

　　七、会议费的扣除规定 / 100

　　八、企业商业保险税前扣除的例外规定 / 101

　　九、劳务派遣企业所得税的扣除问题 / 102

　　十、支付专家的相关费用能否税前扣除 / 103

　　十一、核定征收的企业是否要进行汇算清缴 / 103

第十三章　利息支出不能税前扣除的情形 / 105

　　一、利息支出税前扣除的相关规定 / 105

　　二、非金融企业之间借款利息支出的扣除政策 / 106

　　三、向关联方借款超过债资比标准的利息支出扣除政策 / 107

　　四、向自然人借款的利息支出扣除政策 / 109

　　五、资本化支出的扣除政策 / 110

第十四章　关联企业的税收风险 / 113

　　一、税收风险点 / 113

二、关联企业应注意的问题 / 115

三、特别纳税调整的方法 / 115

第十五章 企业重组的税收问题 / 121

一、企业法律形式改变 / 121

二、债务重组 / 122

三、股权收购 / 124

四、资产收购 / 125

第十六章 企业所得税疑难问题处理 / 127

一、企业预提工资薪金的税前扣除 / 127

二、企业弥补亏损的不同年限 / 128

三、企业商誉的税事 / 129

四、不征税收入与免税收入的扣除规定 / 130

五、汇兑损益的企业所得税处理 / 132

六、小微企业查补税款能否享受税收优惠 / 133

七、违规建筑已抵扣税额的处理 / 134

八、企业收到的财政资金的处理 / 135

九、境外研发费用的处理 / 135

十、总分机构企业所得税的缴纳 / 136

十一、外聘研发人员劳务报酬的处理 / 137

十二、境外亏损，境内赚了，能抵税吗 / 138

十三、房屋租赁中税会差异的税收风险 / 139

十四、企业撤资后股权的处理 / 140

十五、租房的装修费能否一次性税前扣除 / 140

第四部分
个人所得税范畴

随着经济的发展，个人的收入水平也水涨船高，虽然个人所得税的免征额不断上调，但需要缴纳个人所得税的人还是很多。2018年的个税改革将过去的分类征收改为综合与分类相结合的征收模式，同时将免征额提高到每年6万元，又增加了6项专项附加扣除，使个人所得税的征收更趋公平合理。然而，新的规定在税收征收管理的实践中，必然会带来新的问题，因此归纳、梳理并解读相关政策规定，以降低每个纳税人的纳税风险，也就非常有必要了。

第十七章　个人所得税法律法规解析 / 145

一、境内所得 / 145

二、个人所得税的纳税人 / 146

三、征税范围与计税方式 / 147

四、起征点和免征额 / 148

五、减免征收的规定 / 149

六、税率 / 150

七、纳税调整 / 151

八、"代扣代缴"与"预扣预缴" / 152

第十八章　专项附加扣除 / 155

一、子女教育专项附加扣除 / 155

二、继续教育专项附加扣除 / 156

三、大病医疗专项附加扣除 / 158

四、住房租金专项附加扣除 / 159

五、住房贷款利息专项附加扣除 / 161

六、赡养老人专项附加扣除 / 162

七、税收优惠政策与专项附加扣除"二选一" / 163

第十九章　个人所得税的汇算清缴 / 165

一、为什么要汇算清缴 / 165

二、谁需要办理汇算清缴 / 166

三、汇算清缴的计算公式 / 167

四、收入与收入额 / 169

五、办理汇算清缴的方式与渠道 / 170

六、退税与补税 / 172

第二十章　职工福利与个税 / 175

一、选择高薪还是股权激励 / 175

二、视同分红 / 176

三、取暖费中的个税 / 177

四、防暑降温费与高温津贴中的个税 / 178

五、员工用餐的个税问题 / 179

六、发放补贴不按规定扣缴个税的处罚 / 181

第二十一章　个人所得税疑难问题的处理 / 183

一、退休人员收入的个税处理 / 183

二、赔偿款是否应该纳税 / 185

三、失业补偿是否应该纳税 / 186

四、资本公积转增股本的个税问题 / 187

五、从多处取得收入的个税问题 / 188

六、个人独资企业与合伙企业的利息收入 / 189

七、偶然所得的个税问题 / 190

八、垫付住院费的个税问题 / 192

九、个人经营所得与劳务报酬的个税问题 / 193

十、亏钱的个税问题 / 194

十一、转让股权的个税问题 / 195

第一部分

税收知识综述

西方有个说法,"唯有死亡与税是不可避免的。"中国也有类似的说法,"皇粮国税,自古有之。"其实不论东西方,有什么样的说法,有一点是完全相同的,自从有了国家就有了税收。而随着社会的进步和发展,文明程度的不断提高,税的种类越来越多,结构也越来越复杂,其对个人、企业乃至整个社会的影响越来越大,不可等闲视之。

第一章 税收的原则

何为税收？税收是国家为实现其职能，凭借政治权力，按照法律规定，无偿参与国民收入分配，以取得财政收入的一种特定的分配方式。从这一概念可以看出，税收的征税主体是国家、目的是满足公共需要、征税的依据是税法，其特征是强制性、合法性与无偿性。

我国税收的基本原则包括税收法定原则、税收公平原则、税收效率原则及实质课税原则。

一、税收法定原则

税收法定原则是指税收主体的权利义务、课税要素、课税程序由法律规定，如果没有法律的规定，那么政府不能征税，公民也没有纳税的义务。

1. 税收的征收法定

《中华人民共和国税收征收管理法》（以下简称《税收征管法》）第三条规定："税收的开征、停征以及减税、免税、退税、补税，依照法律的规定执行；法律授权国务院规定的，依照国务院制定的行政法规的规定执行。任何机关、单位和个人不得违反法律、行政法规的规定，擅自作出税收开征、停征以及减税、免税、退税、补税和其他同税收法律、行政法规相抵触的决定。"

目前，我国18个税种中已有12个税种（企业所得税、个人所得税、车船税、环境保护税、烟叶税、船舶吨税、车辆购置税、耕地占用税、资源税、城市维护建设税、契税、印花税）完成立法。

2. 纳税义务法定

《中华人民共和国宪法》第五十六条规定："中华人民共和国公民有依照法律纳税的义务。"宪法是国家的根本大法，宪法对纳税义务的设定是《税收征管法》的前提和基础，《税收征管法》对纳税义务的规定是对宪法的具体化。《税收征管法》第四条规定："法律、行政法规规定负有纳税义务的单位和个人为纳税人。法律、行政法规规定负有代扣代缴、代收代缴税款义务的单位和个人为扣缴义务人。纳税人、扣缴义务人必须依照法律、行政法规的规定缴纳税款、代扣代缴、代收代缴税款。"

《税收征管法》对纳税义务的规定是一般性的规定，增值税、消费税、企业所得税、个人所得税等具体税种的法律法规对各税种的纳税义务都做出了具体而明确的规定。例如，《中华人民共和国增值税暂行条例》（以下简称《增值税暂行条例》）第一条规定："在中华人民共和国境内销售货物或者加工、修理修配劳务（以下简称劳务），销售服务、无形资产、不动产以及进口货物的单位和个人，为增值税的纳税人，应当依照本条例缴纳增值税。"因此，纳税人纳税义务的设定来自法律和经法律授权的行政法规。

3. 课税要素法定

每个税种都有各自的征收范围、税率、纳税地点、纳税义务发生时间、税收优惠等，这些内容统称为课税要素。从税收法定的原则出发，此类课税要素也是由法律规定的。例如，增值税的税率、征收范围等由《增值税暂行条例》规定，企业所得税的税率、征收范围等由《中华人民共和国企业所得税法》（以下简称《企业所得税法》）规定。

4.征税程序法定

税收的征收有严格的程序，并且所有的程序都是法律规定的。《税收征管法》就是关于征收税款的程序法，其从税务登记的办理到税收相关资料的报送、纳税申报、税收管理、税务稽查等，都做了明确而具体的规定。

二、税收公平原则

税收的征收要遵循法律规定，法律面前人人平等，税法作为法律的一个有机组成部分，坚持公平与平等的法律原则也是对税收的基本要求。从经济学的角度来讲，公平税负也是税收的基本原则。

从不同的维度来看，税收公平的含义是不完全一样的。

（1）从横向来看，税收公平体现在经济条件相同的纳税人其税收的负担应当相同。例如，张某和李某在同一个单位工作，所取得的工资收入一样，这种情况下两人的税收负担也应当一样。如果张某多交税，李某少交税，就破坏了税收的公平原则。

（2）从纵向来看，经济条件不同的人，其税收负担应当不同。例如，张某与李某在同一个单位工作，工资也一样，但张某有一个孩子，李某有三个孩子，并且李某的经济条件比张某要差很多，这种情况下，如果李某与张某负担相同的税收，就会加大李某的经济负担。对此，2019年1月1日起，修订后的《中华人民共和国个人所得税法》（以下简称《个人所得税法》）增加了专项附加扣除的规定，其目的就是最大限度地体现量能课税的原则。

三、税收效率原则

这里的税收效率原则不是指税务机关要多征收税款,税款征收必须遵循法律规定,税务机关既不能多征收也不能少征收。它是指在税款征收的过程中,从税务机关的角度出发,怎样能够将征税的成本降下来;从纳税人的角度出发,怎样能够将纳税的成本降下来。

也许有人会说,无偿性是我们一直以来所坚持的税收特征之一,既然是无偿的,又何来征税的成本?其实,这要看从什么角度来理解这个问题。征税一定是有成本的,税款不会从纳税人的口袋里直接"蹦"到国库中去,中间还隔着税务机关,税款要通过税务机关的税收执法活动进入国库,而税务机关的运行是有成本的,如人员工资及办公用品、办公场所的运行费用等。

国家从纳税人处取得税收不用像做生意一样支付对价,从这个角度上看,税收是无偿的,但税收的征收是有成本的,因此从这个角度上看,税收又是有偿的。税收的效率原则是要降低税务机关的征税成本,如通过智慧税务的建设精简办税缴费流程,降低人工成本等。

纳税人缴税也是有成本的,这个成本主要表现在时间成本与物质成本上。目前,税务机关开展的只让纳税人跑一次、非接触式办税等,都是为了降低纳税人的办税成本。

四、实质课税原则

实质课税原则是税收上非常重要的一个原则,意思是一项经济行为不能只看其形式,要看实际的经济目的及经济实质是否符合课税的条件。实质课税原则的目的在于防止纳税人出现避税行为。虽然目前实质课税原则没有在任何一个涉税的法律中明确提出来，但却在一些税收行政法规和规章中得到确认。

实质课税原则在企业的改制重组上表现得尤为明显。为了推动企业的改制重组，同时保证国家的税收安全，财政部和国家税务总局出台了《关于企业重组业务企业所得税处理若干问题的通知》（财税〔2009〕59号），要求企业在重组时必须同时符合以下5个条件，才能适用特别税务处理：

（1）具有合理的商业目的，且不以减少、免除或者推迟缴纳税款为主要目的；

（2）被收购、合并或分立部分的资产或股权比例符合本通知规定的比例；

（3）企业重组后连续12个月内不改变重组资产原来的实质性经营活动；

（4）重组交易对价中涉及股权支付金额符合本通知规定比例；

（5）企业重组中取得股权支付的原主要股东，在重组后连续12个月内，不得转让所取得的股权。

以上5个条件，无论是合理的商业目的，还是股权支付的比例、持续经营的要求等都是实质课税原则的具体体现。

当然，实质课税原则在其他的规定中也有体现。例如，增值税上视同销售的规定，企业所得税上关联企业独立交易原则的确认，以及税收的核定征收等都体现了实质课税原则。因此，涉税的法律上虽未对实质课税原则予以明确，但是在税收法制的实践中，实质课税原则已得到了认可和广泛的运用。

第二章　税收的基本要素

纳税人、课税对象、税率等是税收制度的基本构成要素。不同的税收制度其税收要素也不完全相同。例如，增值税的纳税人与土地增值税的纳税人不一样，课税对象也不相同。而正是因为有了这些不同，才将不同的税种区别开来。

一、纳税人

简单来讲，纳税人就是法律规定的税应当由谁缴纳。根据目前各税种的规定，纳税人由自然人与单位两部分构成。自然人不必多说，单位主要包括企业、行政机关、军事机关及社会团体等。

这里要注意纳税人与负税人的区别。纳税人是法律规定直接负有纳税义务的个人和单位，而负税人是税负的最终承担者。以增值税为例，企业按规定缴纳了增值税，但企业最终会将税负转嫁给消费者，这样来看，企业是纳税人，消费者则是负税人。

二、课税对象

课税对象是区分税种的主要标志,每个税种都有不同的课税对象。1994年税制改革后,增值税成为一个主要税种,为了顺应这一变化,税务机关在机构上也做了相应的调整,国家税务总局将过去的流转税管理司改名为货物和劳务税司。之所以做这样的改变,主要原因在于当时增值税的课税对象是货物与劳务。营改增以后,增值税的课税对象已经扩大到了服务、无形资产、不动产。同样,房产税的课税对象是房产,城镇土地使用税的课税对象是城镇土地。

三、税率

税率是税收制度的核心要素,是计算应纳税额的比例,一般分为比例税率、定额税率和累进税率。

1. 比例税率

比例税率是税率中较常见的税率类型。例如,增值税税率,销售货物为13%、建筑服务为9%、现代服务业为6%;企业所得税税率为25%等。

2. 定额税率

定额税率是按照课征对象的一定数量,直接规定固定的税额。例如,车船税以纳税人所拥有的车船数量或吨位为计征依据,实行从量定额征收。

3. 累进税率

累进税率分为全额累进税率、超额累进税率、全率累进税率和超率累进税率。这里主要介绍超额累进税率与超率累进税率。

（1）超额累进税率。超额累进税率是把征税对象的数额划分为若干等级，对每个等级部分的数额分别规定相应税率。例如，个人所得税的税率就为3%~45%的超额累进税率。

（2）超率累进税率。超率累进税率是指超过一定的比率，税率逐步增加。例如，土地增值税实行四级超率累进税率：增值额未超过50%的部分，税率为30%；增值额超过扣除项目金额50%但未超过100%的部分，税率为40%；增值额超过扣除项目金额100%但未超过200%的部分，税率为50%；增值额超过200%的部分，税率为60%。

四、纳税环节

企业的经营活动从生产到消费的流转过程中有很多环节，税收不是在所有的环节上都征收，而是选定一些环节作为征收环节，也称纳税环节。纳税环节分为单一纳税环节和多个纳税环节。例如，增值税在销售环节征收；消费税既有在生产环节征收的，也有在销售环节征收的。

五、纳税期限

纳税义务发生后，就涉及税款缴纳的问题，我们把在什么时间缴税称为纳税期限。纳税期限分为按期纳税、按年纳税和按次纳税。

(1)按期纳税,包括按月纳税、按季纳税。

(2)按年纳税,如个人所得税和企业所得税。

(3)按次纳税,主要是指对从事临时经营活动的纳税人按次征税。

六、纳税地点

纳税地点即向什么地方的税务机关纳税,归纳起来主要有机构所在地、核算地、财产所在地等。例如,增值税固定业户的纳税地点为其机构所在地或者居住地主管税务机关,这里的机构所在地是指纳税人的注册登记地;消费税纳税人应向其核算地的税务机关申报缴纳消费税。

第三章　税制体系和结构

税制可以分为单一税制和复合税制。单一税制是以单一税种为基础形成的税制，复合税制是由多个征税对象为基础形成的税制。

一、世界各国的税制选择

目前，从世界各国的情况来看，复合税制是世界各国的普遍选择。在复合税制下，有的国家以直接税为主，即更倾向于考虑解决税收的公平问题；有的国家以间接税为主，即主要考虑税收的财政职能。

在直接税条件下，纳税人缴纳的税款没办法转嫁给他人，需要确确实实从自己的口袋里掏出钱，如企业所得税；在间接税条件下，消费者在购买货物或服务时就实现了税负的转嫁，如增值税。实际上，直接税和间接税不存在谁优谁劣的问题，只是各国根据各自国情所做出的适合本国发展阶段的选择。

二、我国的税制

我国的税制以间接税为主。目前,我国有以下 18 个税种。

1. 增值税

增值税是我国重要的税种之一。从征税对象的分类上看,增值税属于流转税,即在商品或劳务的流转环节征税。根据《增值税暂行条例》的规定,流转的环节应当是销售货物或者加工、修理修配劳务,销售服务、无形资产、不动产,进口货物。增值税是对增值额征税,计算方式为销项税额减去进项税额再乘以税率。一般纳税人的税率为 13%、9%、6% 和 0,小规模纳税人的征收率为 3%。

2. 消费税

消费税不是对所有的消费品征收,只是对特定种类的消费品征收,从目前来看,其征收对象是高档消费品,如金银首饰等;污染较大的商品,如小汽车等;国家抑制的消费品,如香烟、酒类等。一般情况下,消费税是在生产环节征收,也有在销售和进口环节征收的;有从价计征,也有从率计征的。

3. 企业所得税

企业所得税是对企业所得征收的一个税种,但不是对所有的企业都征收企业所得税,只是对其中具有法人资格的企业征收。因此,在某种意义上,企业所得税是法人所得税,对不具有法人资格的个体户、个人独资企业、合伙企业均不征收。企业所得税的税率为 25%。

4. 个人所得税

个人所得税是针对个人所得征收的一种税。这里的所得，由综合与分类所得相结合。工资薪金所得、劳务报酬所得、稿酬所得、特许权使用费所得为综合所得，适用3%~45%的超额累进税率；经营所得，利息、股息、红利所得，财产租赁所得，财产转让所得及偶然所得为分类所得，除经营所得适用5%~35%的超额累进税率外，其他所得适用20%的比例税率。

5. 资源税

顾名思义，资源税是对自然资源开征的一个税种，但并不是所有的自然资源都征收资源税，只是对其中的一部分征收，如原油、天然气、煤炭、其他非金属矿原矿、黑色金属矿原矿、有色金属矿原矿和盐。资源税的纳税环节为生产企业销售或移送使用环节，实行差别税额从价征收，源泉课征。

6. 城市维护建设税

城市维护建设税不是将课税对象作为税种名称，而是以其所征收的资金专门用于城市维护建设而得名，这与增值税、所得税的命名不一样。城市维护建设税是一种附加税，其计税依据为纳税人实际缴纳的增值税、消费税。税率按不同区域划分为1%、5%、7%。

7. 房产税

房产税的征税对象是城市、县城、建制镇和工矿区范围内的房屋，对农村房屋不征收房产税。房产税的税率为1.2%、12%和4%，具体要求如下。

（1）1.2%为从价计征——依据房产计税余值征税（一般适用于自用类的经营房屋）。

（2）12%为从租计征——依据房产租金收入征税（一般适用于出租类的经营住房）。

（3）特殊情况税率为4%——对个人出租住房，不区分用途，按4%的税率征收房产税；对企事业单位、社会团体及其他组织按市场价格向个人出租用于居住的住房，减按4%的税率征收房产税。

8. 印花税

印花税是现代税制中较老的税种之一，其得名于印花税票，也就是企业纳税之后，需要在纳税凭证上"贴印花"。按照现行规定，印花税申报缴税后无须再贴花。印花税是对在境内书立应税凭证、进行证券交易征税。应税凭证包括《印花税税目税率表》列明的合同、产权转移书据和营业账簿。证券交易是指转让在依法设立的证券交易所、国务院批准的其他全国性证券交易场所交易的股票和以股票为基础的存托凭证。证券交易印花税对证券交易的出让方征收，不对受让方征收。

9. 城镇土地使用税

与房产税类似，城镇土地使用税仅以在城市、县城、建制镇和工矿区范围内的土地为征税对象，以实际占用的土地面积为计税依据，不同的城镇税率有所不同：大城市为每平方米1.5~30元，中等城市为每平方米1.2~24元，小城市为每平方米0.9~18元，县城、建制镇、工矿区为每平方米0.6~12元。城镇土地使用税按年缴纳。

10. 土地增值税

土地增值税的纳税义务人是转让国有土地使用权、地上的建筑物及其附着物并取得收入的单位和个人。土地增值税以转让所取得的收入（包括货币收入、实物收入和其他收入）减去法定扣除项目金额后的增值额为计税依据，税率为四级超率累进税率。

11. 车船税

车船税是对依法到公安、交通等管理部门办理登记的车辆、船舶征收的一种财产税。它根据车船的种类，按规定的计税依据，向车辆、船舶的所有人或者管理人征收。

12. 船舶吨税

船舶吨税是对在中国港口行驶的外国籍船舶和外商租用的中国籍船舶，以及中外合营企业使用的中外籍船舶征收的一种税。船舶吨税由海关负责征收。

13. 车辆购置税

但凡购买过小车的人，都与该税打过交道，不缴纳车辆购置税，小车就不能在车管所挂牌，不能挂牌就不能上路，所以车辆购置税是小车正常使用的前提条件。车辆购置税是对购买车辆的纳税人所征收的一种税。当然了，车辆不仅仅是指小汽车，也包括摩托车、电车、挂车、农用运输车等。车辆购置税税率为10%的比例税率。

14. 关税

关税是由海关对进出境的货物和物品征收的一种税。除了国际贸易要缴纳关税，不同关税区之间的贸易也要缴纳关税。

15. 耕地占用税

耕地占用税是对占用耕地建房或从事非农业建设的单位和个人，就其实际占用的耕地面积征收的一种税。耕地占用税在征用耕地的时候一次性缴纳。

16. 契税

契税是土地、房屋权属转移时向购买方征收的一种税。土地使用权转移包括国有土地使用权出让或转让，房屋所有权转移等；房屋权属转移包括房屋买卖、赠送、交换等。契税税率由各省、自治区、直辖市人民政府在3%~5%的幅度税率范围内，按照该地区的实际情况决定。

17. 烟叶税

烟叶税很简单，可以用"三个一"来概括，即征税对象只有一个烟叶；纳税环节只有一个收购环节；纳税人也只有一个烟草公司。它以纳税人收购烟叶的金额为计税依据，实行比例税率20%。

18. 环境保护税

环境保护税是为了保护环境开征的一个税种，其征税对象为直接向环境排放应税污染物的企事业单位和其他生产经营者。污染物为《环境保护税税目税额表》《应税污染物和当量值表》规定的大气污染物、水污染物、固体废物和噪声。

三、税收优惠

根据产业政策的要求和经济发展的需要，国家对鼓励发展的行业和特定的纳税群体给予一定的税收减免，这种减免我们称之为税收优惠。根据税收优惠的方式不同，我们将其分为税基式减免、税率式减免和税额式减免。

（1）税基式减免，即对计税基础做出调整，以达到少缴税款的目的，包括减计收入，提高起征点、免征额，研发费用加计扣除，固定资产的加速折旧等。

（2）税率式减免，即直接降低税率，如货物销售的增值税税率由17%降低为16%，再降低为13%。

（3）税额式减免，即直接减免税额，包括全部免征、减半征收、税额抵免、即征即退及先征后返等。

第二部分

增值税范畴

随着营业税从我国税收舞台上彻底消失，增值税成了我国名副其实的第一大税种。由于增值税在整个税制结构和财政收入中所占的地位举足轻重，可谓牵一发而动全身，因此围绕增值税所进行的制度设计纷繁复杂，大家理解和把握起来有一定的难度，操作起来风险也不小，需要谨慎对待。

第四章　增值税的征收规定

顾名思义，增值税是对商品增加的价值征收的税。按照规定，境内销售货物或者加工、修理修配劳务，销售服务、无形资产、不动产以及进口货物的单位和个人，为增值税的纳税人。

一、增值税的变迁

增值税的诸多好处，让其一"出世"就受到世界各国的青睐。我国增值税经历了如下变迁。

1. 小范围征收

1984年，我国颁布了《中华人民共和国增值税条例（草案）》，作为一种尝试，仅仅对机器、机械等12种产品征收增值税，范围很小。经过十年的不断实践，增值税的优点逐渐显现，人们对增值税的认识也不断深入，经验的积累让税务机关征收增值税的方式方法也愈加成熟，扩大增值税征税范围的时机到了。

2.由生产型增值税转变为消费型增值税

1994年,我国进行了大规模的分税制改革,国地税分设,同时颁布实施《中华人民共和国增值税暂行条例》,对销售货物和修理修配劳务开征增值税,但对服务业仍征收营业税。由于当时投资过热,所以选择了生产型增值税,即企业购进固定资产的进项税额不能抵扣。

2009年,为了刺激经济的增长,在税收领域将生产型增值税转变为消费型增值税,即允许企业对购进固定资产的进项税额进行抵扣。

3.营改增

2012年,增值税扩围迈开实质性的步伐,营业税改征增值税在上海试点,交通运输业和部分现代服务业纳入增值税的征税范围;自2014年1月1日起,铁路运输和邮政服务业纳入营业税改征增值税试点;自2016年5月1日起,全面实施营改增,建筑业、房地产业、金融业、生活服务业全部纳入营改增试点,至此,营业税彻底退出历史舞台。

二、增值税的征收范围

每个税种都有一定的征收范围,《增值税暂行条例》规定:"在中华人民共和国境内销售货物或者加工、修理修配劳务(以下简称劳务),销售服务、无形资产、不动产以及进口货物的单位和个人,为增值税的纳税人,应当依照本条例缴纳增值税。"

我们应该如何理解境内呢?对销售货物而言,货物的起运地或所在地在中国境内;对提供修理修配劳务而言,该劳务是发生在境内的劳务;对销售服务、无形资产而言,只要买卖双方的一方在境内即可;对销售不动产、自然资源使用权而言，不动产、自然资源的使用权必须在境内。如果财政部、国家税务总局还有其他规定，那么规定的情形也属于境内。

1. 概念解释

表 4-1 对增值税征收范围中的主要概念做出了解释。

表 4-1　概念解释

概念	解释
销售货物	即有偿转让货物所有权。货物是指有形动产，如汽车、机器设备等。当然，对有形动产的理解不能片面，如电力、热力、气体等虽然看不见，但也在有形动产的范围内，也要被征收增值税
提供加工、修理修配劳务	即有偿提供加工、修理修配劳务。所谓加工，是指由委托方提供原材料，由受托方加工为委托方要求的货物并收取加工费；修理修配劳务是指对坏了的货物进行修复，并收取费用
销售服务	即有偿提供交通、邮政、电信、建筑、金融等服务
销售无形资产	即有偿转让无形资产的所有权和使用权。无形资产是指虽然看不见，但确实有价值的财产，如著作权、专利权等
销售不动产	即有偿转让不动产所有权。不动产是指不能移动或移动后会引起性质、形状改变的财产，包括建筑物和构筑物
有偿	即取得货币、货物或者其他经济利益

另外，对于租赁、承包、挂靠等经济形式，我们也应该明白发包人与承包人，出租人与承租人，被挂靠人与挂靠人，谁是纳税义务人。凡是销售货物、提供修理修配劳务的，承包、承租，以承包人、承租人为纳税义务人；凡是销售服务、无形资产和不动产的，若以发包人、出租人、被挂靠人名义做生意，以发包人、出租人、被挂靠人为纳税义务人，否则以承包人、承租人、挂靠人为纳税义务人。

2. 非经营活动

增值税是对经营活动的增值额征税，非经营活动不属于增值税的征收范围。根据规定，下列行为不属于经营活动。

（1）行政单位收取的同时满足以下条件的政府性基金或者行政事业性收费：

①由国务院或者财政部批准设立的政府性基金，由国务院或者省级人民政府及其财政、价格主管部门批准设立的行政事业性收费；

②收取时开具省级以上（含省级）财政部门监（印）制的财政票据；

③所收款项全额上缴财政。

（2）单位或者个体工商户聘用的员工为本单位或者雇主提供的服务。但是单位员工为本单位提供的与工作岗位无关的服务，凡属于应税服务征收范围的，仍应按规定缴纳增值税。例如，甲公司财务人员利用自己的交通工具为本单位运送货物，收取的运费应按规定缴纳增值税。

（3）单位或者个体工商户为聘用的员工提供服务。例如，单位向员工提供班车接送服务、餐饮服务等，无论是否收费，均不属于应税行为，不征收增值税。

（4）财政部和国家税务总局规定的其他情形。

3. 不征税项目

增值税不征税项目如表4-2所示。

表4-2 增值税不征税项目

	不征税项目	政策法规依据
1	金融商品持有期间（含到期）取得的非保本的收益（包括报酬、资金占用费、补偿金），不属于利息或利息性质的收入，不征收增值税	财税〔2016〕140号

（续表）

	不征税项目	政策法规依据
2	根据国家指令无偿提供的铁路运输服务、航空运输服务，属于（财税〔2016〕36号）附件一第十四条规定的用于公益事业的服务	财税〔2016〕36号
3	存款利息	财税〔2016〕36号
4	被保险人获得的保险赔付	财税〔2016〕36号
5	房地产主管部门或者其指定机构、公积金管理中心、开发企业以及物业管理单位代收的住宅专项维修资金	财税〔2016〕36号
6	在资产重组过程中，通过合并、分立、出售、置换等方式，将全部或者部分实物资产以及与其相关联的债权、负债和劳动力一并转让给其他单位和个人，其中涉及的不动产、土地使用权转让行为	财税〔2016〕36号
7	纳税人取得的中央财政补贴，不属于增值税应税收入，不征收增值税	国家税务总局公告2013年第3号
8	纳税人受托代理销售二手车，凡同时具备以下条件的，不征收增值税；不同时具备以下条件的，视同销售征收增值税 （1）受托方不向委托方预付货款 （2）委托方将《二手车销售统一发票》直接开具给购买方 （3）受托方按购买方实际支付的价款和增值税额（如系代理进口销售货物则为海关代征的增值税额）与委托方结算货款，并另外收取手续费	国家税务总局公告2012年第23号
9	纳税人受托开发软件产品，著作权属于受托方的征收增值税，著作权属于委托方或属于双方共同拥有的不征增值税；对经过国家版权局注册登记，纳税人在销售时一并转让著作权、所有权的，不征收增值税	财税〔2011〕100号
10	对软件产品交付使用后，按期或按次收取的维护费、技术服务费、培训费等，不征收增值税	财税〔2005〕165号
11	各燃油电厂从政府财政专户取得的发电补贴不属于规定的价外费用，不计入应税销售额，不征收增值税	国税函〔2006〕1235号

(续表)

	不征税项目	政策法规依据
12	对统一核算,且经税务机关批准汇总缴纳增值税的成品油销售单位跨县市调配成品油的,不征收增值税	国家税务总局令第 2 号
13	对国家管理部门行使其管理职能,发放的执照、牌照和有关证书等取得的工本费收入,不征收增值税	国税函发〔1995〕288 号
14	供应或开采未经加工的天然水(如水库供应农业灌溉用水,工厂自采地下水用于生产),不征收增值税	国税发〔1993〕154 号
15	对增值税纳税人收取的会员费收入,不征收增值税	财税〔2005〕165 号
16	代购货物行为,凡同时具备以下条件的,不征收增值税;不同时具备以下条件的,无论会计制度规定如何核算,均征收增值税 (1)受托方不垫付资金 (2)销货方将发票开具给委托方,并由受托方将该项发票转交给委托方 (3)受托方按销售方实际收取的销售额和增值税额(如系代理进口货物则为海关代征的增值税额)与委托方结算货款,并另外收取手续费	财税字〔1994〕26 号
17	单用途卡发卡企业或者售卡企业销售单用途卡,或者接受单用途卡持卡人充值取得的预收资金,不缴纳增值税。支付机构销售多用途卡取得的等值人民币资金,或者接受多用途卡持卡人充值取得的充值资金,不缴纳增值税	国家税务总局公告 2016 年第 53 号

三、纳税人认定与登记

为加强税收管理,国家对所有增值税纳税人,按年销售额分为一般纳税人和小规模纳税人。年销售额 500 万元以上的纳税人,应当登记为一般纳税人,否则登记为小规模纳税人。小规模纳税人财务核算健全,能按规定报送有关税务资料的，也可以登记为一般纳税人。

1. 一般纳税人

对于一般纳税人的认定与管理，《增值税一般纳税人登记管理办法》做出了明确规定。

（1）纳税人应在年应税销售额超过规定标准的月份（或季度）的所属申报期结束后15日内办理一般纳税人登记手续；未按规定时限办理的，主管税务机关应当在规定时限结束后5日内制作《税务事项通知书》，告知纳税人应当在5日内向主管税务机关办理相关手续；逾期仍不办理的，次月起按销售额依照增值税税率计算应纳税额，不得抵扣进项税额，直至纳税人办理相关手续为止。

（2）纳税人自一般纳税人生效之日起，按照增值税一般计税方法计算应纳税额，并可以按照规定领用增值税专用发票，财政部、国家税务总局另有规定的除外。生效之日是指纳税人办理登记的当月1日或者次月1日，由纳税人在办理登记手续时自行选择。

（3）纳税人登记为一般纳税人后，不得转为小规模纳税人，国家税务总局另有规定的除外。

另外，一般纳税人会计核算不健全，或者不能准确提供税务资料的，应按销售额依照增值税税率计算应纳税额，不得抵扣进项税额，不得使用增值税专用发票。

一般纳税人认定的例外情况

根据规定，纳税人年销售额超过500万元，就应当申请认定为一般纳税人。但并不是只要销售额超过了500万元，就一定会被认定为一般纳税人，因为税法有一些例外规定，具体来说有以下三种情况。

> 第一种情况，纳税人偶然发生的销售无形资产、转让不动产的销售额，不计入当年的应税销售额。例如，一个纳税人以生产毛毯为主业，年销售额300万元，但当年以300万元卖了一间厂房，年销售额合计达到600万元。如果按照年销售额500万元的标准，那么该企业应当被认定为一般纳税人。但是，卖厂房是偶然发生的行为，这300万元不应当计入年销售额。既然卖厂房的300万元不计入年销售额，那么该企业的年销售额就达不到500万元的标准，也就不应当申请认定为一般纳税人。
>
> 第二种情况，自然人的销售额即使达到了500万元，也不应被认定为一般纳税人，因此，自然人只能是小规模纳税人。
>
> 第三种情况，有两类主体可选择按照小规模纳税人纳税。一是非企业性单位，如事业单位、社会团体等；二是不经常发生应税行为的企业和个体工商户。

2. 小规模纳税人

小规模纳税人是指年销售额在规定标准以下，并且会计核算不健全，不能按规定报送有关税务资料的增值税纳税人。小规模纳税人与一般纳税人最大的区别在于计税方法，一般纳税人的增值税应纳税额等于当期销项税额减当期进项税额；小规模纳税人的应纳税额等于销售额乘以征收率。

（1）优惠政策

对于小规模纳税人，国家在增值税征收方面给予了税收优惠。2021年3月31日发布的《财政部 税务总局关于明确增值税小规模纳税人免征增值税政策的公告》规定："自2021年4月1日至2022年12月31日，对月销售额15万元以下（含本数）的增值税小规模纳税人，免征增值税。"

那么，没有达到起征点的小规模纳税人开具增值税专用发票，这笔增值税是否可以免征呢？回答是否定的，原因很简单，增值税是个链条，上一个环节的销项税就是下一个环节的进项税，每一个环节都形成抵扣链条。如果上一个环节没有缴税，下一个环节还要抵扣税款，国家就损失了两次税款，这不符合增值税的原理。

（2）小规模纳税人取得增值税专用发票的处理

曾有位朋友向我咨询，他们单位的业务员拿了一张专票来报销，而他们是小规模纳税人，不知道是否能报。

根据规定，小规模纳税人取得增值税专用发票是不能抵扣税款的。所以，一般情况下小规模纳税人应尽量取得普通发票，而不要取得专用发票。当然，小规模纳税人取得增值税专用发票并不违法。根据《增值税暂行条例》的规定，只有应税行为的购买方为消费者个人与发生应税销售行为适用免税规定的这两种情形才禁止开具增值税专用发票。因此，一般纳税人可以给小规模纳税人开具增值税专用发票，而小规模纳税人在取得增值税专用发票后，可以与取得增值税普通发票一样直接按价税合计金额计入相关成本费用。

另外，国家税务总局公告2015年第59号规定："纳税人自办理税务登记至认定或登记为一般纳税人期间，未取得生产经营收入，未按照销售额和征收率简易计算应纳税额申报缴纳增值税的，其在此期间取得的增值税扣税凭证，可以在认定或登记为一般纳税人后抵扣进项税额。"

3.纳税义务发生的时间

企业应如何确定纳税义务发生的时间呢？总体来说，纳税义务发生的时间应该是收讫销售款项或者取得索取销售款项凭据的当天。如果先开发票，那么纳税义务发生的时间为开具发票的当天。

所谓收讫销售款项，是指纳税人在销售货物、服务、无形资产、不动产的过程中或者完成后收到款项。所谓取得索取销售款项凭据的当天,是指书面合同确定的付款日期;未签订书面合同或者书面合同未确定付款日期的,为货物、服务、无形资产转让完成的当天或者不动产权属变更的当天。

具体来说,可以分以下 9 种情况确定纳税义务发生的时间,如表 4-3 所示。

表 4-3 纳税义务发生时间的确定

	业务类型	纳税义务发生的时间
1	以直接收款的方式销售货物	(1)货物已发出,收到款项,纳税义务发生 (2)货物已发出,没有收到款项,但已到合同约定的收款日,纳税义务发生 (3)货物未发出,收到款项,纳税义务发生 (4)货物未发出,没有收到款项,但已到合同约定的收款日,纳税义务发生
2	以赊销和分期收款的方式销售货物	(1)货物已发出,收到款项,纳税义务发生 (2)货物已发出,合同约定了收款日的,按照合同约定的收款日确认纳税义务发生 (3)货物已发出,合同未约定收款日的,发出货物时,纳税义务发生
3	以预收货款的方式销售货物	(1)款项已收到,货物发出,纳税义务发生 (2)款项已收到,但货物生产周期超过了 12 个月,收到款项时,纳税义务发生 (3)款项未收到,但货物生产周期超过了 12 个月,按合同约定的收款日确认纳税义务发生
4	视同销售货物	货物移送时,纳税义务发生
5	销售应税劳务或服务	(1)劳务或服务已经提供或正在提供,收到款项,纳税义务发生 (2)劳务或服务已经提供或正在提供,未收到款项,合同约定了收款日的,按照合同约定的收款日确认纳税义务发生 (3)款项未收到,合同也未约定收款日的,劳务或服务完成时,纳税义务发生
6	视同销售服务	服务已经提供,纳税义务发生
7	提供租赁服务	不论服务是否提供,收到款项时,纳税义务发生
8	转让金融商品	不论款项是否收到,金融商品所有权转移时,纳税义务发生

（续表）

	业务类型	纳税义务发生的时间
9	转让无形资产、销售不动产	（1）无形资产或不动产已经转让，收到款项，纳税义务发生 （2）无形资产或不动产已经转让，未收到款项，合同约定收款日，纳税义务发生 （3）款项未收到，合同也未约定收款日，无形资产或不动产转让完成，纳税义务发生 （4）视同销售无形资产和转让不动产，无形资产或不动产转让完成，纳税义务发生

第五章　深化增值税改革的有关政策

近年来,为推进增值税实质性减税,国家出台了一系列深化增值税改革的有关政策,如减税降费、调整抵扣政策、期末留抵退税及简易征收等。

一、减税降费

减税降费是近年我国经济领域的一大看点。2019年1月,财政部与国家税务总局出台了《关于实施小微企业普惠性税收减免政策的通知》。2019年3月,国家税务总局出台了《关于做好2019年深化增值税改革工作的通知》;财政部、税务总局和海关总署印发了《关于深化增值税改革有关政策的公告》。概括起来,主要有以下几项内容。

1. 降税率

增值税一般纳税人发生增值税应税销售行为或者进口货物,原适用16%税率的,税率调整为13%;原适用10%税率的,税率调整为9%。

2. 调整扣除率

纳税人购进农产品，原适用 10% 扣除率的，扣除率调整为 9%。纳税人购进用于生产或者委托加工 13% 税率货物的农产品，按照 10% 的扣除率计算进项税额。

3. 调整出口退税率

（1）原适用 16% 税率且出口退税率为 16% 的出口货物劳务，出口退税率调整为 13%；原适用 10% 税率且出口退税率为 10% 的出口货物、跨境应税行为，出口退税率调整为 9%。

（2）适用 13% 税率的境外旅客购物离境退税物品，退税率为 11%；适用 9% 税率的境外旅客购物离境退税物品，退税率为 8%。

二、调整抵扣政策

自 2019 年 4 月 1 日起，纳税人取得不动产或者不动产在建工程的进项税额不再分两年抵扣。此前按照上述规定尚未抵扣完毕的待抵扣进项税额，可自 2019 年 4 月税款所属期起从销项税额中抵扣。

停止执行纳税人取得不动产或者不动产在建工程的进项税额分两年抵扣政策。

纳税人购进国内旅客运输服务，其进项税额允许从销项税额中抵扣。纳税人未取得增值税专用发票的，暂按照以下规定确定进项税额。

（1）取得增值税电子普通发票的，进项税额为发票上注明的税额。

（2）取得注明旅客身份信息的航空运输电子客票行程单的，按照下列公式计算进项税额：

航空旅客运输进项税额＝（票价＋燃油附加费）÷（1+9%）×9%

（3）取得注明旅客身份信息的铁路车票的，按照下列公式计算进项税额：

铁路旅客运输进项税额＝票面金额÷（1+9%）×9%

（4）取得注明旅客身份信息的公路、水路等其他客票的，按照下列公式计算进项税额：

公路、水路等其他旅客运输进项税额＝票面金额÷（1+3%）×3%

三、期末留抵退税

《关于深化增值税改革有关政策的公告》规定，自2019年4月1日起试行增值税期末留抵税额退税制度。同时符合以下条件的纳税人，可以向主管税务机关申请退还增量留抵税额：

（1）自2019年4月税款所属期起，连续六个月（按季纳税的，连续两个季度）增量留抵税额均大于零，且第六个月增量留抵税额不低于50万元；

（2）纳税信用等级为A级或者B级；

（3）申请退税前36个月未发生骗取留抵退税、出口退税或虚开增值税专用发票情形的；

（4）申请退税前36个月未因偷税被税务机关处罚两次及以上的；

（5）自2019年4月1日起未享受即征即退、先征后返（退）政策的。

按此公告，此项工作从10月开始进行。这就涉及附加税费的退还问题，即增值税退了，以增值税为计税依据的各项附加税费是否要退？

《财政部 税务总局关于增值税期末留抵退税有关城市维护建设税 教育

费附加和地方教育附加政策的通知》（财税〔2018〕80号）规定，对实行增值税期末留抵退税的纳税人，允许其从城市维护建设税、教育费附加和地方教育附加的计税（征）依据中扣除退还的增值税税额。

这项规定虽然从字面上不好理解，但其实很简单，即退增值税时，不退还城市维护建设税、教育费附加和地方教育附加，但在2019年10月及后续所属期申报税款时，可以将应纳增值税税额减去退还的增值税的余额，作为计算并缴纳城市维护建设税、教育费附加和地方教育附加的依据。

例如，甲企业10月留抵退税10万元，当月不退还各项附加税费，在11月及后续的申报期允许在扣除10万元增值税后，计算各项附加税费。

四、简易征收

简单来讲，简易征收就是按照相关政策规定，针对部分增值税一般纳税人采用征收率计算应纳税额的一种征收方式。

1. 如何办理简易征收

根据相关规定，一般纳税人选择简易计税，需要到办税服务厅报送按照简易办法征收备案的资料。注意，一般纳税人选择简易办法计算缴纳增值税后，36个月内不得变更。

2. 简易征收项目

表5-1列举了部分简易征收项目。

表 5-1　简易征收项目

类别	项目说明
销售自产货物	根据财税〔2009〕9 号文件的规定，一般纳税人销售自产的下列货物，可选择按照简易办法依照 3% 的征收率计算缴纳增值税 （1）县级及县级以下小型水力发电单位生产的电力。小型水力发电单位，是指各类投资主体建设的装机容量为 5 万千瓦以下（含 5 万千瓦）的小型水力发电单位 （2）建筑用和生产建筑材料所用的砂、土、石料 （3）以自己采掘的砂、土、石料或其他矿物连续生产的砖、瓦、石灰（不含黏土实心砖、瓦） （4）用微生物、微生物代谢产物、动物毒素、人或动物的血液或组织制成的生物制品 （5）自来水 （6）商品混凝土（仅限于以水泥为原料生产的水泥混凝土）
提供建筑服务	根据财税〔2016〕36 号文件的规定，一般纳税人提供建筑服务属于以下情形的，可以选择按简易计税办法计算缴纳增值税 （1）以清包工方式提供的建筑服务。以清包工方式提供建筑服务是指施工方不采购建筑工程所需的材料或只采购辅助材料，并收取人工费、管理费或者其他费用的建筑服务 （2）为甲供工程提供的建筑服务。甲供工程是指全部或部分设备、材料、动力由工程发包方自行采购的建筑工程 （3）为建筑工程老项目提供的建筑服务。建筑工程老项目是指《建筑工程施工许可证》注明的合同开工日期在 2016 年 4 月 30 日前的建筑工程项目；未取得《建筑工程施工许可证》的，建筑工程承包合同注明的开工日期在 2016 年 4 月 30 日前的建筑工程项目 （4）一般纳税人跨县（市）提供建筑服务，选择适用简易计税方法计税的，应以取得的全部价款和价外费用扣除支付的分包款后的余额为销售额，按照 3% 的征收率计算应纳税额。纳税人应按上述计税方法在建筑服务发生地预缴税款后，向机构所在地主管税务机关进行纳税申报

3. 既有简易征收项目，又有非简易征收项目

当企业既有简易征收项目，又有非简易征收项目时，简易征收与非简易征收须独立核算，分别按不同税率缴纳税款。

第六章 集团各单位之间的资金借贷

企业集团内部各单位之间相互的资金借贷,在企业看来是无所谓的事情,无非是左口袋的钱装进右口袋,或右口袋的钱装进左口袋,钱还是那些钱,钱的主人还是钱的主人,一切都没什么变化。对此征税有些人可能不太理解,认为这种情况无须缴税。从表面上看,"无须缴税"似乎有些道理,但是在法律层面上,每个企业都是独立的市场主体,都有独立的财产,都要对自己的行为负责,在各自的经营活动中自然应当承担着各自的纳税义务。

一、集团各单位资金借贷的纳税规定

虽然企业集团与内部各单位之间有隶属关系,但也不能相互替代。企业集团内部各单位之间发生的借贷关系要按照国家税法规定缴纳税款,但考虑到企业集团内部各单位之间的关联关系,资金借贷情况较频繁、较普遍,为减轻企业的税收负担,国家出台了企业集团统借统还免征增值税、企业集团内部单位无偿借贷资金免征增值税等税收优惠政策。

二、企业集团统借统还免征增值税

按营改增的规定,企业集团统借统还免征增值税,但必须符合下列条件。

第一，必须是企业集团。什么是企业集团，2018年9月1日以前，企业集团须按《企业集团登记管理暂行规定》取得《企业集团登记证》；9月1日后，依据《关于做好取消企业集团核准登记等4项行政许可等事项衔接工作的通知》，企业集团的名称中使用"集团"或者"（集团）"字样，集团母公司应当将企业集团名称及集团成员信息通过国家企业信用信息公示系统向社会公示。

这里要注意将企业集团与关联企业区分开来。企业集团内的单位是关联企业，但并不是所有的关联企业都是企业集团的成员单位。

第二，资金必须来源于金融机构或债券购买方。企业集团统借统还的资金必须来源于金融机构的贷款，或者企业自己发行的债券。除了这两个资金来源渠道，其他的资金来源不享受该税收优惠政策，如向其他企业借款。

第三，借款方可以是企业集团，也可以是企业集团的核心公司（不是企业集团核心公司的借款不享受该税收优惠政策）。

第四，使用借款的单位是企业集团，或企业集团的下属单位。

第五，可以由企业集团或者企业集团中的核心公司借款给下属单位；也可以由集团所属财务公司借款给集团下属单位。借款应签订统借统还贷款合同。

第六，借款使用单位支付的利息不高于支付给金融机构的借款利率水平或者支付的债券票面利率水平。

三、资金无偿借贷免征增值税

除了企业集团统借统还免征增值税的税收优惠政策外，2019年2月3日，财政部、国家税务总局发布了《关于明确养老机构免征增值税等政策的通知》（财税〔2019〕20号）。该文件的第三条明确规定，自2019年2月1日至2020年12月31日（财政部 税务总局公告2021年第6号已明确该政策延长至2023年12月31日），对企业集团内各单位（含企业集团）之间的资金无偿借贷行为，免征增值税。

从对该规定的分析来看，其主要包含了以下几个方面的内容。

第一，适用对象是企业集团及企业集团内部单位之间，也就是说，只要是企业集团内部单位都可以享受该项税收优惠政策。这与企业集团统借统还的税收优惠政策不同。统借统还的税收优惠政策强调资金必须来自集团公司与集团的核心企业从银行借的款项，或发行债券的收入，由企业集团、企业集团的财务公司，或企业集团的核心企业借给企业集团的其他单位。

第二，对于资金的来源，此项优惠政策没有做出规定，也就是说资金可以来源于企业向银行的贷款，也可以是企业发行债券的收入，还可以是企业的自有资金。

第三，企业集团内部单位之间资金的借贷必须是无偿的，即借钱不用付利息。这一规定与统借统还的税收优惠政策不一样，统借统还的税收优惠政策强调企业集团内部单位之间借贷资金的利息不能高于银行的贷款利息，或者其利率不能高于支付的债券票面利率水平。

第四，2019年2月1日前企业集团内单位之间发生的无偿借贷行为可以享受免征增值税的税收优惠。换句话说，该项税收优惠政策可以溯及既往。

第五，该项税收优惠政策与统借统还免征增值税的税收优惠政策相互独立，不存在替代关系。

第六，享受增值税免税政策需要到税务机关备案。

第七章　视同销售与进项税额转出

营改增之前，视同销售仅仅涉及销售货物和提供加工、修理修配劳务，营业税改为增值税之后，又多了一个提供服务的视同销售。因此，增值税视同销售被分为视同销售货物和视同销售服务、无形资产、不动产两大类，具体内容如表7-1所示。

表7-1　视同销售的类别

类别	内容说明
视同销售货物	（1）将货物交付其他单位或个人代销
	（2）销售代销货物
	（3）设两个以上机构并实行统一核算的纳税人，将货物从一个机构移送另一个机构用于销售，但相关机构在同一县（市）的除外
	（4）将自产、委托加工的货物用于集体福利或者个人消费
	（5）将自产、委托加工或者购进的货物用于投资，提供给其他单位或者个体工商户
	（6）将自产、委托加工或者购进的货物分配给股东或者投资者
	（7）将自产、委托加工或者购进的货物无偿赠送给其他单位或个人
视同销售服务、无形资产、不动产	（1）单位或个体工商户向其他单位或个人无偿提供服务，但用于公益事业或以社会公众为对象的除外
	（2）单位或个人向其他单位或个人无偿转让无形资产或不动产，但用于公益事业或以社会公众为对象的除外
	（3）财政部和国家税务总局规定的其他情形

一、视同销售的规定从何而来

众所周知,增值税是对商品、服务交易增值额征收的一种税,我国增值税采取扣税的方法征收,即通过增值税专用发票上注明税款进项抵扣税额来完成这一过程。为了保证整个链条的完整,需要每个购销活动都要开具增值税专用发票。

例如,甲公司销售货物给乙公司,需要开具增值税专用发票,乙公司以专用发票上注明的税款作为自己的进项税进行抵扣;乙公司销售货物给丙公司,同样要向丙公司开具增值税专用发票,丙公司以增值税专用发票上注明的税款作为自己的进项抵扣税额。如此一环套一环,保证了增值税链条的完整性。如果中间任何一个环节断了,增值税的链条也就断了。若乙公司销售货物给丙公司,却没有开具增值税专用发票,丙公司就没有了进项税额,这种情况下,丙公司必须要承担13%的增值税税负,这会给丙公司造成税收负担。

因此,视同销售就是为了保证增值税链条的完整而做出的规定。

对视同销售而言,销售货物和提供修理修配劳务的视同销售与营改增的提供服务、转让无形资产与不动产的视同销售不完全相同。销售货物和提供修理修配劳务的视同销售,主体是个体工商户与单位;提供服务、转让无形资产与不动产的视同销售,主体分别是单位或个体工商户以及单位或个人。

企业所得税也有视同销售的规定,但其设定的目的与增值税不完全相同,其主要考虑的是国家税收的安全。企业所得税的视同销售主要有以下几种情况:

(1)发生非货币性资产交换;

(2)将货物、财产、劳务用于捐赠、偿债、赞助、集资、广告、样品、职工福利或者利润分配等用途的;

(3)国务院财政、税务主管部门另有规定的除外。

二、外购服务对外赠送是否视同销售

营改增之前企业将外购货物无偿赠送他人，按规定应视同销售。营改增将服务业纳入增值税的征税范围，对于企业外购的服务无偿赠送他人是否应当视同销售，由于没有明确规定，因此引起了一些争议。主要有以下两种观点。

第一种观点认为不需要视同销售，理由如下。

（1）《增值税暂行条例实施细则》虽然规定纳税人外购货物赠送他人的情况必须视同销售，但其范围仅限于货物，没有提服务。

（2）《营业税改征增值税试点实施办法》所规定的视同销售是单位或者个体工商户向其他单位或者个人无偿提供服务。但在外购服务对外赠送业务中，向其他单位和个人提供服务的是那些服务的提供者，并不是外购并向其他单位和个人赠送服务的商家，所以，即使视同销售，也应该由服务提供者负担，而与外购并对外赠送服务的商家无关。

第二种观点认为应当视同销售，理由如下。

《营业税改征增值税试点实施办法》所规定的视同销售是："单位或者个体工商户向其他单位或者个人无偿提供服务，但用于公益事业或者以社会公众为对象的除外。"因此，只要单位或者个体工商户向其他单位或者个人无偿提供了服务，除特殊规定外，都必须视同销售。至于对外无偿提供的服务是由自己提供的还是委托第三方提供的，则不是视同销售需要考虑的问题。

我同意第二种观点，即应视同销售。虽然相关规定没有明确认定外购服务应视同销售，但营改增之前对外购货物赠送他人，应视同销售做出了明确的规定。虽然一个是货物，一个是服务，但无论是货物还是服务，企业购进了，所有权就是企业的，如果将企业赠送他人货物视同销售，那么赠送服务就没有理由不视同销售。

酒店的视同销售

出差住酒店,一般酒店都会提供洗漱用品及茶叶、速溶咖啡、矿泉水等。最初,我以为这些都是收费的,后来才知道是免费的,可以放心用,不用担心钱的问题。而只有那些明码标价的方便面、锅巴等小食品才是收费的。

我当时就想,增值税有个视同销售的规定,像这种免费赠送的东西,在增值税上是要视同销售的。这些东西看上去不是很贵,但是长年累月赠送,金额绝对不是一个小数字。如果按视同销售计算税款,那么税一定少不了。

后来我了解到,这些所谓免费赠送的物品,实际上成本都包含在客人的房费里了,是房费的一个组成部分,如此就不存在视同销售的问题了。对于那些收费的方便面、锅巴等小食品,应该属于增值税上的兼营,酒店应该将这些收入与酒店的服务收入分别核算计税,如果没有分别核算,那么按规定应从高适用税率。

三、哪些情况需要做进项税额转出

我们都知道增值税是对商品、服务等流转过程中的增值额征税,涉及进项税和销项税,销项税额减去进项税额就是要缴纳的税款。如果在流转过程中销售没有了,销项税自然也就没有了,那么对应的进项税也就不能抵扣,已经抵扣的要做进项税额转出处理。

归纳一下,《增值税暂行条例》中关于进项税额转出的情况,可分为以下两类:

（1）纳税人购进的货物及在产品、产成品发生非正常损失；

（2）纳税人购进的货物或应税劳务改变用途，用于免税项目或集体福利与个人消费等。

出现以上两类情况，纳税人需要将已抵扣的进项税额做进项税额转出处理。

▶ [案例7-1]

新冠肺炎疫情前，老高的火锅店进了一批食材，本想春节期间大赚一笔，但他没想到新冠肺炎疫情突然来了，火锅店好几个月都不能开门营业，食材放得太久，结果是坏的坏、扔的扔，赔了很多钱，几乎到了关门的地步。

就在老高因坐愁城，没有办法的时候，还有人往他伤口上撒盐，对他说："你的店是一般纳税人，购进的肉类等食材都取得了专用发票，抵扣了进项税款，现在全部坏掉了，属于增值税上的非正常损失，对应的进项税额要做进项税额转出处理，否则就算违规。"

老高听后吓了一跳，但却似信非信。于是，他到税务机关进行了咨询，税务机关的工作人员听了老高的来意后，告诉他增值税上确实有非正常损失进项税额转出的规定，但非正常损失仅指以下两种情况：

一是指因管理不善造成的货物被盗、丢失、霉烂变质等损失；

二是指因违反法律法规造成的货物或者不动产被依法没收、销毁、拆除等损失。

以上两类损失都是由经营者主观原因造成的。而经营过程中的正常损耗以及由客观原因造成的损失,都不属于增值税上的非正常损失,既然不属于非正常损失,自然也就无须做进项税额转出了。

老高损失的那些食材并不是他本人主观原因造成的,而是由不可抗力事件造成的,因此不属于增值税上的非正常损失,而应属于正常损失,所以其对应的进项税额也不应做进项税额转出处理。

四、如何区分视同销售与进项税额转出

视同销售与进项税额转出,表面上看清清楚楚,但在某些情况下容易混淆。例如,购进的货物用于个人消费,按规定要视同销售。那么,既然视同销售了,进项税额是否要转出呢?对此,我们有必要将两者进一步区分清楚,以免混淆。具体可分为以下两大类。

第一类,对于自产与委托加工的货物。无论是用于对外投资、赠送、分配,还是用于对内集体福利、个人消费,均要视同销售。

第二类,对于非自产与委托加工的外购货物。若对内用于企业员工福利、个人消费,则要做进项税额转出处理;若对外投资、分配、赠送他人,则要视同销售。

五、增值税进项税额转出的税务处理

1. 购入的设备、器具改变用途

购入的设备、器具改变用途,抵扣的进项税额需要做进项税额转出处理。

[案例 7-2]

A公司是从事货物加工销售的一般纳税人。2021年9月,该公司将3月购进的一批设备专门用于出口免税产品的加工,该批设备价值400万元,账面净值385万元,购进时取得税率为13%的增值税专用发票并已做抵扣处理。A公司计划将该批设备一次性计入当期成本费用,并在计算应纳税所得额时扣除。

上述案例中,由于A公司将购进的设备用于免税产品的加工,因此按规定应将购进该设备认证抵扣的进项税额做进项税额转出处理。具体的计算公式为:

不得抵扣的进项税额 = 固定资产、无形资产或者不动产净值 × 适用税率

$$=385 \times 13\% = 50.05(万元)$$

2. 农产品非正常损失

按规定农产品非正常损失,其已认证抵扣的进项税额要做进项税额转出处理。

[案例 7-3]

甲公司是从事粮食收购与销售的一般纳税人,2021年9月因管理不善出现粮食霉烂变质,报废2019年9月收购的一批粮食,价值100万元。这种情形下,甲公司是否应做进项税额转出处理?

按规定,非正常损失的购进货物及相关的劳务和交通运输服务的进项税额不得从销项税额中抵扣。进项税额按照农产品收购发票或者销售发票上注明的农产品买价和13%的扣除率计算。买价是指纳税人购进农产品在农产品

收购发票或者销售发票上注明的价款。

甲公司收购该批粮食时适用的扣除率为13%，则应转出进项税额：

应转出的进项税额 =100÷（1-13%）×13%=14.94（万元）。

3.企业兼营简易计税方法计税项目

按规定企业兼营简易计税方法计税项目的，其已认证抵扣的进项税额应做进项税额转出处理。

▶ [案例7-4]

> 甲公司从事机器设备销售，是适用13%税率的一般纳税人，对所销售的部分机器设备提供安装服务。
>
> 2021年9月，甲公司销售机器设备实现销售额3 600万元，对所销售机器设备提供的安装业务实现销售额400万元。当月可抵扣的进项税额为500万元。试计算甲公司不得抵扣的进项税额及9月应缴纳的增值税。

按规定，一般纳税人销售自产机器设备的同时提供安装服务，应分别核算机器设备和安装服务的销售额，安装服务可以按照甲供工程选择适用简易计税方法计税。

一般纳税人销售外购机器设备的同时提供安装服务，如果已经按照兼营的有关规定，分别核算了机器设备和安装服务的销售额，安装服务可以按照甲供工程选择适用简易计税方法计税。纳税人对安装运行后的机器设备提供的维护保养服务，按照"其他现代服务"缴纳增值税。

因此，甲公司自2021年9月起，应对需要提供安装的业务，分别核算机器设备和安装服务的销售额，并将提供的安装服务作为甲供工程提供的安服务，选择适用简易计税方法计税，征收率为3%。

对于适用一般计税方法的纳税人，兼营简易计税方法计税项目、免征增值税项目而无法划分不得抵扣的进项税额，按照下列公式计算：

不得抵扣的进项税额＝当期无法划分的全部进项税额×（当期简易计税方法计税项目销售额＋免征增值税项目销售额）÷当期全部销售额

甲公司不得抵扣的进项税额＝500×400÷（3 600+400）=50（万元）

9月应缴纳的增值税＝3 600×13%-（500-50）+400×3%=30（万元）

六、个人借钱给单位是否视同销售

▶ [案例7-5]

王某的企业因经营不善发不出员工的工资。无奈之下，王某只好拿自己的钱代企业给员工发了工资，算企业借的钱，等企业有了钱再还，但没有利息。

后来，王某听朋友说借钱给单位要缴纳增值税，他对此很不理解，心想："我将自己的钱借给企业，并且不要利息，帮企业渡过难关，这是一种善举，为什么还要缴税呢？"其实，王某的朋友对税法的理解不够透彻，这种做法是不需要缴纳增值税的。

税法规定，贷款服务需要缴纳增值税，即使没有利息，按营改增视同销售的规定，也要缴税。但税法规定的无偿提供服务视同销售的主体是单位和个体工商户。王某既不是单位，也不是个体工商户，所以他无偿向单位提供的贷款服务不用缴纳增值税。

七、企业购进货物的进项抵扣规定

企业（一般纳税人）购进货物时，一些进项税额可以抵扣，一些进项税额不可以抵扣，例如，用在简易计税、集体福利和个人消费等方面的进项税额是不能抵扣的。

很多企业在财务核算时，为避免进项税额抵扣方面出现差错，会将购进的材料单独设立科目入账，同时将取得的进项税额直接计入材料成本。这样的处理虽然能够减少错误的发生，但很多情况下，企业在购进货物时，很难区分哪些用于可以抵扣进项税额的项目，哪些用于不可以抵扣进项税额的项目，只有在领用时才知道。

根据《增值税暂行条例》第十条的规定，用于简易计税方法计税项目、免征增值税项目、集体福利或者个人消费的购进货物、劳务、服务、无形资产和不动产，不得从销项税额中抵扣。这里要强调"用于"两个字，如果没有用，就不用做进项税额转出，在领用的时候再做进项税额转出。

企业在货物采购和领用之间会有时间差，即企业在购进货物时，可以全部认证抵扣进项税额，在领用时再把用于职工福利、非应税项目和简易征收等方面的进项税额做转出处理，这样税虽然没少缴，但却可以递延纳税，使企业获得货币的时间价值。

第八章 异常凭证

异常凭证是企业在生产经营过程中经常会遇到,并且是一个难以处理的问题。

一、异常凭证对企业产生的影响

异常凭证难以处理的主要原因在于,首先,税法在此方面的规定较复杂,称呼也不完全一样,如有的称"失控发票"、有的称"异常扣税凭证";其次,异常凭证对企业影响很大,有的甚至关系到企业的生存与发展。举个例子来讲,若甲公司的进货渠道只有乙公司,专用发票也都是乙公司开具的,此时,无论什么原因,一旦乙公司走逃或失去联系,甲公司的麻烦就会很大。甲公司所有的进项税票已经抵扣税款的部分都要做进项税额转出处理,没有抵扣的部分不能抵扣,公司的经营很可能会陷入困境。

本着既要搞好营商环境,解决企业的痛点和难点问题,又要保证国家税款安全的原则,国家税务总局于2019年11月出台了《国家税务总局关于异常增值税扣税凭证管理等有关事项的公告》(国家税务总局公告2019年第38号,以下简称《公告》)。

《公告》对什么是异常凭证、出现了异常凭证应该怎么处理、企业对异常凭证有异议如何进行权利救济等做出了明确的规定，同时作废了与公告内容不一致的文件或有关文件的相关条款。

二、异常凭证的种类

《公告》对异常凭证进行了逐一列举，主要分为以下两大类。

异常凭证种类一

符合下列情形之一的增值税专用发票，列入异常凭证范围：

（1）纳税人丢失、被盗税控专用设备中未开具或已开具未上传的增值税专用发票；

（2）非正常户纳税人未向税务机关申报或未按规定缴纳税款的增值税专用发票；

（3）增值税发票管理系统稽核比对发现"比对不符""缺联""作废"的增值税专用发票；

（4）经税务总局、省税务局大数据分析发现，纳税人开具的增值税专用发票存在涉嫌虚开、未按规定缴纳消费税等情形的；

（5）属于《国家税务总局关于走逃（失联）企业开具增值税专用发票认定处理有关问题的公告》（国家税务总局公告2016年第76号）第二条第（一）项规定情形的增值税专用发票。

异常凭证种类二

增值税一般纳税人申报抵扣异常凭证，同时符合下列情形的，其对应开具的增值税专用发票列入异常凭证范围：

（1）异常凭证进项税额累计占同期全部增值税专用发票进项税额70%（含）以上的；

（2）异常凭证进项税额累计超过5万元的。

纳税人尚未申报抵扣、尚未申报出口退税或已做进项税额转出处理的异常凭证，其涉及的进项税额不计入异常凭证进项税额的计算。

三、异常凭证能否作为税前扣除凭证

《国家税务总局关于加强企业所得税管理的意见》（国税发〔2008〕88号）规定，不符合规定的发票不得作为税前扣除凭据。同时，《企业所得税税前扣除凭证管理办法》（国家税务总局公告2018年第28号）第十二条规定：企业取得私自印制、伪造、变造、作废、开票方非法取得、虚开、填写不规范等不符合规定的发票（以下简称"不合规发票"），以及取得不符合国家法律、法规等相关规定的其他外部凭证（以下简称"不合规其他外部凭证"），不得作为税前扣除凭证。

对异常凭证的确认只是一种行政确认行为，这一行政确认行为只有增值税上的意义，在异常凭证没有被认定为虚开之前，无法确定其能否作为企业所得税税前扣除凭证，只能等税务机关的核查结果。核查结果一般分以下3种情况。

1. 不构成虚开

不构成虚开，则增值税的进项税额可以抵扣，在企业所得税上也属于合法有效的凭证，可以作为企业所得税税前的扣除凭证。

2. 已构成虚开

已构成虚开，则增值税的进项税额不能抵扣。在企业所得税上属于不合规定的发票，不能作为企业所得税税前的扣除凭证。

3.善意接受虚开

善意接受虚开说明税务机关认定交易是真实的,既然交易真实,就可以在税前扣除,但扣除不能以虚开的发票作为凭据。根据《企业所得税税前扣除凭证管理办法》的规定,企业可要求开票方换开发票,如果因对方注销、撤销、依法被吊销营业执照、被税务机关认定为非正常户等特殊原因无法补开、换开发票及其他外部凭证的,可凭以下资料证明支出真实性后,其支出允许税前扣除:

(1)无法补开、换开发票及其他外部凭证的证明资料(包括工商注销、机构撤销、列入非正常经营户及破产公告等证明资料);

(2)相关业务活动的合同或者协议;

(3)采用非现金方式支付的付款凭证;

(4)货物运输的证明资料;

(5)货物入库、出库内部凭证;

(6)企业会计核算记录以及其他资料。

上述(1)至(3)为必备资料。

四、发票列入异常凭证的处理规定

增值税一般纳税人取得的增值税专用发票列入异常凭证范围的,应按照以下规定处理。

(1)尚未申报抵扣增值税进项税额的,暂不允许抵扣。已经申报抵扣增值税进项税额的,除另有规定外,一律做进项税额转出处理。

(2)尚未申报出口退税或者已申报但尚未办理出口退税的,除另有规定外,暂不允许办理出口退税。适用增值税免抵退税办法的纳税人已经办理出口退税的，应根据列入异常凭证范围的增值税专用发票上注明的增值税额做进项税额转出处理；适用增值税免退税办法的纳税人已经办理出口退税的，税务机关应按照现行规定对列入异常凭证范围的增值税专用发票对应的已退税款进行追回。

纳税人因骗取出口退税停止出口退（免）税期间取得的增值税专用发票列入异常凭证范围的，按照上述规定（1）执行。

（3）消费税纳税人以外购或委托加工收回的已税消费品为原料连续生产应税消费品，尚未申报扣除原料已纳消费税税款的，暂不允许抵扣；已经申报抵扣的，冲减当期允许抵扣的消费税税款，当期不足冲减的应当补缴税款。

五、权利救济、优惠待遇与特别规定

1. 权利救济

一旦被税务机关认定为异常凭证，必然会对纳税人的权利产生影响。税务机关既然做出了对纳税人不利的认定，就应当告知纳税人的权利，以及权利救济的路径。如果纳税人对税务机关认定的异常凭证存在异议，可先向主管税务机关提出核实申请，经核实符合现行增值税进项税额抵扣或出口退税相关规定的，纳税人可继续申报抵扣或者重新申报出口退税；符合消费税抵扣规定且已缴纳消费税税款的，纳税人可继续申报抵扣消费税税款。

2. 优惠待遇

税务机关开展纳税信用等级评价已经有多年，被评为 A 级的纳税人在税收上可享受一些优惠待遇，如增值税的留抵退税等，对异常凭证的规定也是如此。

根据《公告》的规定，纳税信用 A 级纳税人取得异常凭证且已经申报抵扣增值税、办理出口退税或抵扣消费税的，可以自接到税务机关通知之日起 10 个工作日内，向主管税务机关提出核实申请。经税务机关核实，符合现行增值税进项税额抵扣、出口退税或消费税抵扣相关规定的，可不做进项税额转出、追回已退税款、冲减当期允许抵扣的消费税税款等处理。纳税人逾期未提出核实申请的，应于期满后按照上述第"四"项处理。

3. 特别规定

《公告》对异常凭证还有以下两个特别规定：

（1）经税务总局、省税务局大数据分析发现存在涉税风险的纳税人，不得离线开具发票，其开票人员在使用开票软件时，应当按照税务机关指定的方式进行人员身份信息实名验证；

（2）新办理增值税一般纳税人登记的纳税人，自首次开票之日起 3 个月内不得离线开具发票，按照有关规定不使用网络办税或不具备风险条件的特定纳税人除外。

第九章　增值税零申报的风险

增值税什么情况下可以零申报、什么情况下不能零申报、做错了会有哪些风险，对此很多纳税人都不太清楚，在申报时常常随意而为，结果往往是给自己挖了个坑，以后即使想把坑填上都很难。对此，企业要未雨绸缪，不要临渴掘井。

一、企业进行零申报的条件

企业要想有效预防零申报带来的风险，先要明白什么是零申报。零申报是指企业纳税申报的所属期内没有发生应税收入，当期增值税、企业所得税等真实申报数据全部为零，这种情况下的申报属于零申报。由此看来，企业可以进行零申报的条件如下。

（1）就增值税而言，增值税小规模纳税人当期收入为零就可以零申报；增值税一般纳税人当期既没有销项税额，也没有进项税额，才可以零申报。

（2）就企业所得税而言，企业所得税纳税人当期未经营，收入、成本都为零才能零申报。

二、免税零申报的风险

> [案例9-1]

小刘开办了一家粮油公司,属于增值税小规模纳税人。该公司采取企业加农户的经营模式,已经按规定办理了增值税减免税备案,当年第一季度粮油销售收入约9万元。因为符合免税条件(没有税),所以小刘打算做零申报,他的做法对吗?

当然不对。按照规定,企业即使免税,应纳税额为零,也需要向税务机关如实申报。原因很简单,小刘的公司不是没有税,而是税被免了,这种情况进行零申报属于"不如实申报",虽未造成少缴税款,但有可能因计税依据虚假被税务机关处罚。

三、当期未发生收入做零申报的风险

> [案例9-2]

小张的公司刚刚开业,某月购买设备取得5张增值税进项发票,进项税额共计8 500元,已经做了认证。因为当月没有取得收入,所以该公司做了零申报。事后,小张意识到自己的做法存在一定的风险。

小张这样做的风险在于,虽然该公司当月没有发生收入,但是却有进项税额,若简单办理了零申报,可能会因为未抵扣进项税额逾期而不能抵扣,反而给公司造成损失。正确的做法应该是在对应的销售额栏填写"0",把当期已认证的进项税额 8 500 元填入申报表,产生的期末留抵税额在下期继续抵扣。

四、亏损后做零申报的风险

> [案例9-3]
> 小李的公司因经营不善总是亏损,所以无应纳税款。由于嫌麻烦,他不想申报税款或者想做零申报。这种情况下,可以不申报或者做零申报吗?

这种情况别说不申报,就是不按时申报,税务机关也可能会依据《税收征管法》对小李的公司进行处罚。因此,小李的公司不仅要申报,而且要按时申报。至于零申报,如果亏损了就做零申报,那么吃亏的可能是企业。按规定,企业的亏损是可以向以后 5 个纳税年度结转弥补的,如果企业在以后年度盈利了,那么可以用以前年度的亏损抵补盈利,这样就可以少缴或不缴税;但若企业进行了零申报,则不能弥补以前年度亏损,企业就要为自己挣的每一分钱缴税了。

第十章　增值税疑难问题的处理

增值税实行凭增值税专用发票抵扣税款的制度，对纳税人的会计核算水平要求较高，要求纳税人能够准确核算销项税额、进项税额和应纳税额。对此，纳税人应熟知国家财税政策，正确处理增值税疑难问题，做好增值税申报与缴纳工作。

一、如何区分混合销售与兼营

如何区分混合销售与兼营，一直以来都是让纳税人感到头疼的问题。混合销售与兼营既有相同之处，也有不同之处。例如，一家汽车4S店，既销售汽车，又为汽车提供装饰服务，这种情况属于混合销售还是兼营呢？如果是混合销售，就应当按销售货物征收13%的增值税；如果是兼营，就要分别核算，销售汽车按13%征收增值税，而提供装饰服务则按6%征收增值税。

1. 混合销售与兼营的界定

虽然财税〔2016〕36号文件已对混合销售做出了明确的界定，即一项销售行为既涉及服务又涉及货物的，为混合销售。但什么是"一项销售行为"，文件并没有给出明确的解释。以上面举过的汽车4S店既销售汽车又提供装饰服务为例,我们该如何判断这是一项行为,还是两项行为呢?

我认为,判断一项销售行为是混合销售还是兼营,主要看企业的经营范围。如果汽车4S店的经营范围没有装饰服务,那么销售汽车并提供装饰服务,应当按混合销售征收增值税;如果其经营范围有装饰服务,那么应按兼营对待,对销售汽车与提供装饰服务进行分别核算,分别征收增值税。理由在于,兼营是企业主营业务以外的一项业务,其提供服务的对象与主营业务一样是不特定的。例如,一家汽车4S店,既可以为本店购车客户提供装饰服务,也可以为其他汽车4S店的购车客户提供装饰服务。混合销售则不同,企业的经营范围中没有装饰服务,装饰服务是销售汽车服务的自然延伸,销售汽车与提供装饰服务是一体的,对象也是特定的,只对在本店购车的客户提供装饰服务,而不对外提供装饰服务。

2. 一般征税规定

从事货物的生产、批发或者零售的单位和个体工商户(包括以从事货物的生产、批发或者零售为主,兼营销售服务的单位和个体工商户)的混合销售行为,按照销售货物缴纳增值税。

其他单位和个体工商户的混合销售行为,按照销售服务缴纳增值税。例如,美容院在提供美容服务的同时销售护肤产品的,就需要按"生活服务"缴纳增值税。

3. 对建筑安装企业销售行为的征税规定

国家税务总局公告2017年第11号规定,纳税人销售活动板房、机器设备、钢结构件等自产货物的同时提供建筑、安装服务,不属于财税〔2016〕36号文件规定的混合销售,应分别核算货物和建筑服务的销售额,分别适用不同的税率或者征收率。针对这项规定,我们可做如下理解。

（1）销售自产货物的同时提供建筑安装服务。对销售货物部分，适用13%的税率（一般纳税人）或3%的征收率（小规模纳税人）；对提供建筑安装服务部分视情况适用9%的税率或3%的征收率。纳税人应当分别核算适用不同税率或者征收率的销售额，未分别核算的，从高适用税率。

这里需要注意两点：首先，自产货物不限于板房、机器设备、钢结构件三类，而包含所有自产货物；其次，如果销售自产货物适用13%的税率，而建筑安装服务选择了简易计税，在销售额分别核算时，购进商品或服务的进项税额也要分别归集，为销售货物发生的部分可以抵扣，为提供建筑安装服务发生的部分不得抵扣。

（2）销售外购货物同时提供建筑安装服务。如果纳税人提供建筑安装服务的同时销售用于建筑安装的外购货物，那么应按照混合销售处理，分别核算，未分别核算的从高适用13%的税率。

二、如何区分融资租赁与融资性售后回租

举例来说，融资租赁就是甲公司需要一台设备搞生产，自己没有钱，找到从事融资租赁的乙公司，让乙公司出钱买设备，租给甲公司使用，甲公司需要支付租金并于合同期满后付清设备残值的钱，以取得所有权，否则所有权归乙公司；融资性售后回租是指甲公司资金短缺、乙公司资金充足，于是甲公司把自有厂房卖给乙公司，然后甲公司和乙公司签订融资租赁合同，乙公司把厂房租给甲公司继续使用，但是要分期支付租金，租赁期满后，乙公司再将厂房卖给甲公司或自用。

融资租赁与融资性售后回租两者表面上有点像，区分起来有些难度，也许有人会质疑有必要区分吗？答案是非常有必要，原因很简单，两者的征税规定有很大不同。

1. 税率不同

按税法规定,融资租赁属于现代服务业,按租赁业缴税。若租赁的是动产,增值税税率为13%;若租赁的是不动产,增值税税率为9%。而融资性售后回租属于金融业的贷款服务,增值税税率为6%。

2. 计税销售额不同

融资租赁服务以取得的全部价款和价外费用,扣除支付的借款利息、发行债券利息和车辆购置税后的余额为销售额;融资性售后回租服务以取得的全部价款和价外费用(不含本金),扣除对外支付的借款利息、发行债券利息后的余额为销售额。

两者的区别在于,进行差额扣除时,融资性售后回租服务销售额不含本金,提供融资性售后回租服务属于贷款服务。

3. 进项抵扣不同

因为融资性售后回租属于贷款服务,所以进项税额不能抵扣,而融资租赁可以抵扣进项税额。

▶ [案例10-1]

为了提高产品质量,扩大市场占有率,陈某的公司进口了一台价值不菲的新设备。设备购入后,由于突发事件的应急处理,导致公司的资金十分紧张,生产难以为继,一时半刻又无法从银行借到款。陈某想从别的公司拆借资金,帮助本公司渡过难关,但是能拆借到的资金非常有限,不足以维持公司的正常经营。

公司的困境使陈某坐困愁城,整天唉声叹气。后来,陈某的朋友给他想了个办法。很多融资公司都有一项融资性售后回租业务。简单来讲，就是陈某可以把之前进口的那台设备卖给融资公司，然后再从融资公司租回来。

陈某一听觉得是个好办法，但他还是不放心，怕在税款缴纳方面出现问题，于是向税务部门咨询了相关税收政策。

税务部门了解到陈某的情况后做出了相关解释，融资性售后回租在税收上对企业影响不大，因为融资性售后回租服务在税收上被认定是一项贷款服务。虽然从形式上看，企业把设备卖给了融资公司，但无论是在增值税还是企业所得税上，都不认为是一种销售行为，也就是说不确认收入，既不征收增值税，也不征收企业所得税。

企业支付给融资公司的租赁费，在税收上认定是利息支出。融资公司可以给企业开具增值税普通发票，也可以开具增值税专用发票，但即使开具增值税专用发票，进项税额也不能抵扣。不过，在企业所得税前可以按财务费用扣除。

至于融资公司如何缴税，税务机关的解释是，融资公司收取的租赁费要按照贷款服务的利息收入缴纳增值税，税率为 6%。其销售额的计算要扣除对外支付的借款利息、发行债券利息，简单来说属于差额征税。并且，对其增值税实际税负超过 3% 的部分实行增值税"即征即退"税收优惠政策。

政策依据：《国家税务总局关于融资性售后回租业务中承租方出售资产行为有关税收问题的公告》（国家税务总局公告 2010 年第 13 号）。

三、进口业务增值税的征收

> [案例10-2]

王某的公司专门从事进口业务,虽然只是小规模纳税人,经营规模不大,但进口的品种却很多,有食品、农产品等。

他的公司2019年6月开业,开业之初便进口了一些食品、药品和农膜。某天,当他看到业务员拿回的海关进口增值税专用缴款书时吓了一跳。他问业务员:"海关是不是搞错了?我们是小规模纳税人,只按征收率3%缴纳增值税,为什么这缴款书上的税率是9%和13%。这究竟是怎么回事?"

业务员回答:"海关解释在进口环节不区分一般纳税人和小规模纳税人,税率都是一样的。"

根据现行税法与相关政策的规定,进口环节不区分小规模纳税人和一般纳税人,所缴纳的增值税都是一样的。进口食品属于进口的货物,其增值税税率是13%;进口的农膜属于初级农产品,增值税税率是9%。

政策依据:《财政部 税务总局 海关总署关于深化增值税改革有关政策的公告》(财政部 税务总局 海关总署公告2019年第39号)。

四、土地价款的差额计税

> [案例10-3]

甲房地产公司于2017年从乙房地产公司买了一块土地,这块土地是乙公司从政府手中招拍挂买来的。甲房地产公司认为，该块土地应进行差额计税，但税务机关认为差额计税只针对乙房地产公司。

根据《房地产开发企业销售自行开发的房地产项目增值税征收管理暂行办法》（国家税务总局2016年的第18号公告）的规定，当期允许扣除的土地价款＝（当期销售房地产项目建筑面积÷房地产项目可供销售建筑面积）×支付的土地价款。其中，支付的土地价款是指向政府、土地管理部门或受政府委托收取土地价款的单位直接支付的土地价款，并且要取得省级以上（含省级）财政部门监（印）制的财政票据。换句话说，只有政府开出的财政票据上填写的受票单位，才能差额计税，而本案例中财政票据上的受票单位只会是乙房地产公司，而不会是甲房地产公司，因此甲房地产公司支付的土地款不能进行差额计税，但可以按照乙房地产公司开具的增值税专用发票上注明的进项税额进行进项抵扣。

五、折扣销售与销售折扣的不同纳税结果

折扣销售与销售折扣从文字上看没有多大的区别，只是顺序颠倒了，然而，就是这样一个简单的顺序颠倒，却会给纳税人带来不同的纳税结果。

顾名思义，折扣销售与销售折扣一个是先打折扣再销售，另一个是先销售后打折扣。

对于折扣销售，按税法规定，只要纳税人在开具发票的现金栏注明折扣金额，计算销项税额时就按折扣后的销售额计算。

对于销售折扣，会计上称之为现金折扣，即销售后因购买方付款及时而给予的折扣。这种形式的折扣，不能按折扣后的销售额计算销项税额，而应

按销售额的全额计算。

折扣销售与销售折扣之所以有这样的不同，原因在于折扣销售是在纳税义务发生前的折扣，因此可以按折扣后的销售额计税；而销售折扣则是销售后给购买方的折扣，由于此时纳税义务已经发生，因此折扣额不能从销售额中扣除。

六、旧货不同的税收待遇

很多人都不太清楚销售旧货与出售使用过的固定资产及其他旧物品的区别。三者都是旧货，但三者的确不同，税收上也有不同的待遇。

我们区分销售旧货与出售使用过的固定资产及其他旧物品的关键在于是否自己使用过，如果不是自己使用过的，而是先从别人那里收购再用于销售，那么其属于税法规定的旧货。例如，从甲公司购入二手车，再卖给乙公司，这里的二手车是税法上的旧货。如果是自己使用过再出售的，那么这种旧货就属于税法规定的自己使用过的固定资产或其他物品。例如，你想把自己开了三年的车卖掉换辆新车，这里的二手车就是税法上的已使用过的固定资产。

对于销售旧货的纳税人，不论是一般纳税人，还是小规模纳税人，均按照简易办法依照3%征收率减按2%征收增值税。计算公式如下：

$$销售额 = 含税销售额 \div (1+3\%)$$

$$应纳税额 = 销售额 \times 2\%$$

需要注意的是，销售旧货只能开具增值税普通发票，不能开具增值税专用发票。

对于销售自己使用过的固定资产，要分为以下两种情况进行处理。

（1）一般纳税人销售使用过的固定资产，只要固定资产购进时未抵扣进项税额，就可以简易计税，按3%征收率减按2%征收增值税；只要原来抵扣过进项税额，一般纳税人销售使用过的固定资产就需要按增值税适用税率13%或9%征收增值税。

（2）小规模纳税人销售自己使用过的固定资产，可以选择按3%征收率减按2%征收，也可以选择按3%的征收率缴税。选择按2%缴税的，只能开具增值税普通发票；选择按3%缴税的，可以开具增值税专用发票。

小规模纳税人和一般纳税人销售使用过的除固定资产以外的其他旧物品，须按规定正常缴税。

其他个人销售自己使用过的物品，免征增值税。

政策法律依据：《财政部 国家税务总局关于部分货物适用增值税低税率和简易办法征收增值税政策的通知》（财税〔2009〕9号）,《财政部 国家税务总局关于简并增值税征收率政策的通知》（财税〔2014〕57号）,《国家税务总局关于一般纳税人销售自己使用过的固定资产增值税有关问题的公告》（国家税务总局公告2012年第1号）,《增值税暂行条例》与《增值税暂行条例实施细则》。

七、包装物押金的税收问题

对于包装物，相信每个人都不陌生，我们经常见到的纸箱、瓶子、罐子等都属于包装物。它是企业随同产品一起出售、出租或收取押金给购货方的各种包装容器。对于出售、出租或收取押金，其所产生的纳税结果是不一样的。出售按销售货物缴税，出租则按有形动产租赁缴税，而收取押金的情况更复杂一些。

与包装物押金相关的税收规定如下。

1. 关于增值税

包装物的押金与销售的货物分别核算的,不并入销售额征税;反之,则要缴税。如果逾期不收回押金,也要与销售货物一起缴税。不论是否逾期,超过一年时间未收回的,均要缴税。酒类产品,除黄酒、啤酒外,其他的押金一律并入销售额征税,因为黄酒、啤酒的酒瓶可退回,其他酒类的酒瓶不会被退回。

政策法律依据:《国家税务总局关于印发〈增值税若干具体问题的规定〉的通知》(国税发〔1993〕154号)、《国家税务总局关于加强增值税征收管理若干问题的通知》(国税发〔1995〕192号)。

2. 关于消费税

商品连同包装销售的,应并入应税消费品的销售额征收消费税。如果包装物只收取押金,那么此项押金不并入应税消费品的销售额征税。但对因逾期未收回的包装物不再退还和已收取一年以上的押金,应并入应税消费品的销售额征收消费税。对既作价随同应税消费品销售,又另外收取押金的,凡纳税人在规定的期限内不予退还的,均应并入应税消费品的销售额,按照应税消费品的适用税率征收消费税。

政策法律依据:《财政部 国家税务总局关于酒类产品包装物押金征税问题的通知》(财税字〔1995〕53号)。

八、向境外支付服务费的税收问题

> [案例 10-4]

国内某公司聘请英国的张先生作为顾问,并与其签订了顾问服务合同,每年向张先生支付顾问费。这种情况下,税收问题该如何处理呢?

向境外支付服务费既涉及个人所得税,又涉及增值税。

1. 关于个人所得税

根据《个人所得税法》第一条的规定,在中国境内无住所又不居住,或者无住所而一个纳税年度内在中国境内居住累计不满一百八十三天的个人,为非居民个人。非居民个人从中国境内取得的所得,依照本法规定缴纳个人所得税。

根据《个人所得税法实施条例》第三条的规定,因任职、受雇、履约等在中国境内提供劳务取得的所得,不论支付地点是否在中国境内,均为来源于中国境内的所得,即劳务所得,以劳务提供地确定所得来源地。

因此,根据以上规定,该公司在向张先生支付顾问费时,应以 20% 的税率代扣代缴个人所得税。

2. 关于增值税

财税〔2016〕36 号附件 1 第六条规定:"中华人民共和国境外(以下称境外)单位或者个人在境内发生应税行为,在境内未设有经营机构的,以购买方为增值税扣缴义务人。财政部和国家税务总局另有规定的除外。"

第二十条规定:"境外单位或者个人在境内发生应税行为,在境内未设有经营机构的,扣缴义务人按照下列公式计算应扣缴税额:应扣缴税额=购买方支付的价款÷(1+税率)×税率。"

因此,根据上述规定,该公司支付给张先生的顾问费,还应按 6% 的税率代扣代缴增值税。该公司可以依据业务合同、付款凭证和境外对账单或收据等抵扣增值税。

九、收到违约金是否要交增值税

▶ [案例10-5]

A 公司跟一个客户签订了购销合同,由于客户出现违约,公司收到客户交来的违约金并记入"营业外收入"账户。这种情况需要缴纳增值税吗?

企业在合同未履行时收取的违约金,无须缴纳增值税,也不用开具发票。原因很简单,增值税是以销售为前提的,没有销售就不涉及增值税。

合同已经履行,购买方因延迟付款等原因,按合同约定向销售方支付的违约金,属于价外费用,应并入销售额计算缴纳增值税,并开具发票。

政策法律依据为,《增值税暂行条例》第六条规定:"销售额为纳税人销售货物或者应税劳务向购买方收取的全部价款和价外费用,但是不包括收取的销项税额。"

《增值税暂行条例实施细则》第十二条规定:"条例第六条第一款所称价外费用,包括价外向购买方收取的手续费、补贴、基金、集资费、返还利润、奖励费、违约金、滞纳金、延期付款利息、赔偿金、代收款项、代垫款项、包装费、包装物租金、储备费、优质费、运输装卸费以及其他各种性质的价外收费。"

十、重组的税务处理

[案例10-6]

五年前，王某决定进军煤炭行业，想在煤炭行业上一试身手。进军煤炭行业，先要有采矿权，但要取得采矿权是非常困难的一件事情，于是王某决定走个捷径，通过控股来取得采矿权，而李某的公司恰恰有采矿权。

李某的公司由于经营不景气，也正想找个买家，于是与王某一拍即合。双方经过协商，决定由王某的公司出资，100%控股李某的公司，自然也就取得了李某公司的采矿权。

经过五年的经营，公司盈利可观，但可供其开采的煤矿储藏量也不多了。于是王某决定转战房地产行业，同时将煤矿的机器设备、债权债务、人员及开采权整体转让给张某。

财务人员告诉王某，这种转让属于资产重组，增值税该怎么处理、是否可以开专票，这些需要咨询清楚。

这种情况要分两部分来看。

第一部分是资产，包括机器设备及不动产、土地使用权的转让等，其不属于增值税的征税范围，不征收增值税，可以不开具增值税发票，接收方凭有关协议、收付款凭据及双方确认的资产清单入账。

第二部分是采矿权的转让，其属于增值税的征税项目，要按转让无形资产缴纳增值税，可以开具增值税专用发票。

政策法律依据：《国家税务总局关于纳税人资产重组有关增值税问题的公告》（国家税务总局公告 2011 年第 13 号）。

十一、用于职工福利所购进固定资产的进项抵扣

▶ [案例 10-7]

A 公司近几年经营不错，为改善办公条件，同时解决单身职工的宿舍问题，购买了一栋楼。该楼一二层用于办公，三四层作为职工的宿舍。

A 公司付清售楼款后取得了增值税专用发票，但会计却犯难了，不知道能不能抵扣进项税额。按理说，楼房用于办公是可以抵扣进项税额的，但其中有一部分楼层被用作单身职工宿舍，这属于职工福利，按规定是不能抵扣进项税额的。

根据财税〔2016〕36 号的规定，用于简易计税方法计税项目、免征增值税项目、集体福利或者个人消费的购进货物、加工修理修配劳务、服务、无形资产和不动产，其进项税额不能抵扣。

不能抵扣的进项税额仅指用于职工福利所购进的固定资产。换句话说，既用于职工福利，又用于企业办公所购进的固定资产，其进项税额是可以抵扣的。所以，A 公司购进的这栋楼是可以抵扣进项税额的。

十二、捆绑销售与"加量不加价"销售的计税差异

我们平时去超市购物,"买一赠一"(捆绑销售)与"加量不加价"是较常见的两种促销方式。例如,将一大盒酸奶与一小盒酸奶用胶带捆在一起销售,或者将一大盒牙膏与一小盒牙膏捆在一起销售,就属于捆绑销售。对于超市来说,捆绑销售与"加量不加价"在税收上有很大区别。

1. 捆绑销售

《增值税暂行条例实施细则》第四条提到的"视同销售"规定,纳税人将自产、委托加工或者购进的货物无偿赠送其他单位或者个人,按视同销售缴纳增值税。因此,捆绑销售在税法上要视同销售,即对赠送的商品要按销售价格计征税款。

2. "加量不加价"

"加量不加价"须按实际的销售价格计征税款。

比较这两种促销方式,捆绑销售要多交一些税,但可以把即将过期的商品作为赠品销售出去;而"加量不加价"虽然可以少交税,但促销的效果可能不如捆绑销售明显。因此,企业在开展促销活动时要综合考量后再做出决定。

第三部分

企业所得税范畴

在我国的税制结构中,企业所得税是非常复杂的一个税种。其仅收入总额中征税的项目就有9项之多,可以在税前扣除的费用有12大类,而每一项每一类都有具体的规定,更有诸多企业所得税优惠政策。这些税收规定与优惠政策在落实的过程中,难免会出现问题,成为企业在所得税汇算清缴时的难点和痛点。

第十一章 税前扣除凭证政策解读

《企业所得税法》及实施细则对税前扣除项目做出了明确规定，但在具体的税收实践上，仅仅明确税前扣除项目是远远不够的。2018年6月，国家税务总局发布了《企业所得税税前扣除凭证管理办法》（以下简称《办法》），对税前扣除凭证的定义与特征、税前扣除依据与时间及种类等做出了说明。

《办法》一是明确了收款凭证、内部凭证、分割单等也可以作为税前扣除凭证，以减轻纳税人的办税负担；二是在税前扣除凭证的种类、填写内容、取得时间、补开、换开要求等方面进行了详细的规定，有利于企业加强自身财务管理和内控管理，减少税收风险；三是针对企业未取得外部凭证或者取得不合规外部凭证的情形，规定了补救措施，保障了纳税人的合法权益。

一、税前扣除凭证的定义

税前扣除凭证是指企业在计算企业所得税应纳税所得额时，证明与取得收入有关的、合理的支出实际发生，并据以税前扣除的各类凭证。该定义包含了以下几个要素。

（1）主体——企业。企业是指在中华人民共和国境内的企业和其他取得收入的组织,分为居民企业与非居民企业,不包括个人独资企业、合伙企业。

(2)时间,即在计算企业所得税应纳税所得额时。

(3)特征,即有关的、合理的(真实性、合法性、关联性)。《企业所得税法》要求税前扣除应遵循真实性、合法性、关联性原则。《办法》对税前扣除凭证做出了同样的要求。真实性是指税前扣除凭证反映的经济业务真实,且支出已经实际发生;合法性是指税前扣除凭证的形式、来源符合国家法律法规等相关规定;关联性是指税前扣除凭证与其反映的支出相关联且有证明力。

(4)各类凭证。

二、税前扣除依据与时间

企业发生支出,应取得税前扣除凭证,作为扣除相关支出的依据。为证实税前扣除凭证的真实性,企业应当留存包括合同协议、支出依据、付款凭证等在内的文件资料备查,以证实税前扣除凭证的真实性。其中,企业的付款凭证不属于税前扣除凭证,属于与企业经营活动直接相关且能够证明税前扣除凭证真实性的资料。企业应按照法律法规等相关规定,履行保管责任,以备税务机关核查。

企业应在《企业所得税法》规定的年度汇算清缴期结束前取得符合要求的税前扣除凭证。

▶ [案例 11-1]

2018年,王某的公司与甲企业做生意,购进了一批货物。款项付清后，由于一些原因，甲企业迟迟没有开具发票。王某经过三年不断地追要，甲企业终于在 2021 年开出了发票。拿到发票后，王某又犯愁了，不知该如何处理。这毕竟是三年前的交易，入 2021 年的账，不符合权责发生制原则；入 2018 年的账，当年的企业所得税已经汇算清缴了。那么，这种情况究竟该如何处理呢？

按规定，当年发生交易没有取得发票，在以后年度取得发票的，应当追溯到交易发生年度进行扣除。因此，王某的公司虽然是在 2021 年取得的发票，但只能在 2018 年企业所得税前扣除。至于如何扣除，要分以下两种情况处理。

第一种情况，2018 年这笔支出没有在企业所得税前扣除，可以重新计算 2018 年的应纳税额。计算后多交税款的，可在 2021 年及以后年度的应纳税额中依次抵扣，或申请退税；计算后出现亏损的，应先调整 2018 年度的亏损额，再按照弥补亏损的原则重新计算 2019 年度和 2020 年度的应纳税额，出现多交税款情形的，可以在 2021 年及以后年度的应纳税额中依次抵扣，或申请退税。

第二种情况，这笔支出在 2018 年企业所得税汇算清缴时已经扣除。按规定，这笔已扣除的费用应在计算应纳税所得额时做调增处理，既不能在 2018 年的企业所得税前扣除，也不能在以后年度扣除。

三、税前扣除凭证的种类

《办法》将税前扣除凭证按照来源分为内部凭证和外部凭证。

1. 内部凭证

内部凭证是指企业自制用于成本、费用、损失和其他支出核算的会计原始凭证。内部凭证由企业根据国家会计法律法规等相关规定，在支出发生时自行填制。例如，企业的工资表等会计原始凭证即为企业据以税前扣除的内部凭证。

2. 外部凭证

外部凭证是指企业发生经营活动和其他事项时，从其他单位、个人处取得的用于证明其支出发生的凭证，包括但不限于发票（包括纸质发票和电子发票）、财政票据、完税凭证、收款凭证及分割单等。由于企业的经营活动多样复杂，在实际发生支出时，税前扣除凭证不尽相同，发票是主要的但不是唯一的税前扣除凭证。

此外，企业的很多支出还需要内部凭证与外部凭证联合佐证，方可证实其真实性。例如，企业资产计提折旧，不仅需要购置资产时的发票等外部凭证，还需要资产折旧明细核算凭证等内部凭证。

▶ [案例11-2]

曾有一个法律案件，案件的情况大概是甲公司向乙公司借款并支付了利息，但乙公司收取利息后未开具发票，无奈之下，甲公司只能将项目协议书、借款合同、转账凭证、审计报告作为利息费用的企业所得税前扣除依据进行税前扣除。

税务机关检查后认为，甲公司以项目协议书、借款合同、转账凭证、审计报告作为利息费用的企业所得税前扣除依据不符合税法税前扣除的规定，因此调增企业应纳税所得额，要求甲公司补税、加收滞纳金，并处少交税款 0.5 倍的罚款。

对于税务机关做出的处罚决定，甲公司认为是错误的，理由如下：

（1）企业的利息支出有真实、合法、有效的凭据，即项目协议书、借款合同、转账凭证、审计报告，依据规定可以在企业所得税前扣除；

（2）关于税前扣除凭证，发票并不是唯一合法有效凭证，它只是税前扣除凭证之一，税法没有排除其他合法有效凭证可以作为税前扣除凭证。

法院认为，本案件争议的焦点在于案涉利息税前扣除的合法有效凭证是否仅为发票。

《国家税务总局关于印发〈进一步加强税收征管若干具体措施〉的通知》第六条规定："未按规定取得的合法有效凭证不得在税前扣除。"税前扣除的条件是取得合法有效凭证，对于合法有效凭证具体所指问题，双方当事人存在争议。

《税收征管法》第二十一条规定："单位、个人在购销商品、提供或者接受经营服务以及从事其他经营活动中，应当按照规定开具、使用、取得发票。"

《中华人民共和国发票管理办法》（以下简称《发票管理办法》）第十九条规定："销售商品、提供服务以及从事其他经营活动的单位和个人，对外发生经营业务收取款项，收款方应当向付款方开具发票；特殊情况下，由付款方向收款方开具发票。"第二十条规定："所有单位和从事生产、经营活动的个人在购买商品、接受服务以及从事其他经营活动时支付的款项，应当向收款方取得发票。取得发票时，不得要求变更品名和金额。"

因此，乙公司收取借款利息，应当依法开具发票，甲公司也应当依法取得发票。在法律有明确规定的情况下，税务机关认定以发票作为合法有效凭证，于法有据，应予支持。

《税收征管法》第十九条规定："纳税人、扣缴义务人按照有关法律、行政法规和国务院财政、税务主管部门的规定设置账簿，根据合法、有效凭证记账，进行核算。"该条规定的是纳税人、扣缴义务人根据合法、有效凭证记账，进行核算，而非税前扣除的合法有效凭证是账簿，或是甲公司所称的借款合同、审计报告等材料。

因此，甲公司的主张无法律依据，不予支持。

企业所得税前费用的扣除，应当同时满足实质要件与形式要件，缺一不可。

所谓实质要件，就是税法规定的企业实际发生的与取得收入有关的、合理的支出，包括成本、费用、税金、损失和其他支出，准予在计算应纳税所得额时扣除。

所谓形式要件，就是政策规定的未按规定取得的合法有效凭证不得在税前扣除。

就案例11-2来看，乙公司是办理了税务登记的增值税纳税人，那么乙公司开具的发票，就是甲公司在企业所得税前扣除的唯一有效凭证，没有发票则不能在企业所得税前扣除。仅此而言，甲公司的败诉也就不奇怪了。

四、对劳务的理解

《企业所得税法》《增值税暂行条例》及营改增相关规定对劳务都有相关规定，《企业所得税税前扣除凭证管理办法》的第十条、第十八条也提及了劳务。

《企业所得税税前扣除凭证管理办法》中的劳务与《企业所得税法》《增值税暂行条例》及营改增相关规定中的劳务有所不同，它是一个相对宽泛的概念，不等同于增值税相关规定中的"加工、修理修配劳务"。原则上，它包含了所有劳务服务活动，如《增值税暂行条例》及其实施细则中规定的加工、修理修配劳务，销售服务等；《企业所得税法》及其实施条例中规定的建筑安装、修理修配、交通运输、仓储租赁、金融保险、邮电通信、咨询经纪、文化体育、科学研究、技术服务、教育培训、餐饮住宿、中介代理、卫生保健、社区服务、旅游、娱乐、加工以及其他劳务服务活动等。

五、不合规的发票与外部凭证

不合规的发票及不合规的外部凭证不能作为扣税的依据。那么不合规的发票以及不合规的其他外部凭证都有哪些呢？

（1）不合规的发票包括私自印制的发票，伪造、变造的发票，已经作废的发票，开票方非法取得的发票，虚开的发票，填写不规范的发票及其他不符合规定的发票。

判断发票是否符合规定的依据主要有《发票管理办法》及其实施细则、《国家税务总局关于增值税发票开具有关问题的公告》（国家税务总局公告2017年第16号）等相关法律法规。

（2）不合规的其他外部凭证是指发票以外的不符合国家法律法规等相关规定的其他外部凭证。

判断其他外部凭证是否符合规定，主要依据与凭证相关的各类法律法规，如财政部发布的《财政票据管理办法》等。

六、无法补开、换开发票的规定

实务中,依法被吊销营业执照,或因涉税问题被税务机关认定为非正常户等情况时有发生,一旦发生此类情况,购货企业就无法正常补开、换开发票及其他外部凭证。针对此类情况,《企业所得税税前扣除凭证管理办法》第十四条规定:"企业在补开、换开发票、其他外部凭证过程中,因对方注销、撤销、依法被吊销营业执照、被税务机关认定为非正常户等特殊原因无法补开、换开发票、其他外部凭证的,可凭以下资料证实支出真实性后,其支出允许税前扣除:

(一)无法补开、换开发票、其他外部凭证原因的证明资料(包括工商注销、机构撤销、列入非正常经营户、破产公告等证明资料);

(二)相关业务活动的合同或者协议;

(三)采用非现金方式支付的付款凭证;

(四)货物运输的证明资料;

(五)货物入库、出库内部凭证;

(六)企业会计核算记录以及其他资料。

前款第一项至第三项为必备资料。"

从该办法第十四条的规定来看,交易对方的状态是企业实施这一特殊补救措施的关键。因此,为保护合法的税收利益,企业应当积极主动获取交易对方的线索和信息。

目前,获取交易对方状态的信息应不是难事。企业可以登录国家企业信用信息公示系统以及有关部门的网站进行查询,并将网站公示信息或者截图等作为资料留存,以备税务机关的检查。

按规定,企业既未能补开、换开符合规定的发票及其他外部凭证,也未能取得相关资料以证实支出真实性的,相应支出不得在发生年度税前扣除。

第十二章　汇算清缴税前的扣除问题

每年企业所得税汇算清缴时，总有企业会犯一些错误，给自身带来一定的税收风险。对此，企业不可掉以轻心。

一、"三作两不作"

企业所得税前的一些限额扣除项目，如业务招待费、广告宣传费等都是以企业的销售收入为计算基础的。一般情况下，业务招待费不超过销售收入的5‰以及实际发生额的60%，广告宣传费不超过销售收入的15%。

根据《企业所得税法》的规定，企业的收入包括销售货物收入，提供劳务收入，转让财产收入，股息、红利等权益性投资收益，利息收入，租金收入，特许权使用费收入，接受捐赠收入及其他收入九种。那么，是不是这九种收入都可以作为计算扣除限额的基础呢？

回答是否定的，因为有些收入按规定不能作为限额扣除的计算基础。具体来说，可以简单地归纳为"三作两不作"。所谓"三作"，是指三项可以作为限额扣除基础的收入，包括主营业务收入、其他业务收入、视同销售收入；所谓"两不作"，是指两项不可以作为限额扣除基础的收入，包括营业外收入与投资收益。

这里只要搞清楚什么是营业外收入与投资收益即可。所谓营业外收入，是指企业与生产经营无关但需要计入利润总额计算缴纳企业所得税的收入，如债务重组利得、企业合并损益、盘盈利得、因债权人原因确实无法支付的应付款项、政府补助、教育费附加返还款、罚款收入、捐赠利得等；所谓投资收益，是指企业对外投资所取得的收入，如股息、红利、利息所得。

企业股息红利所得免税的条件

我们都知道企业权益性投资取得的股息红利免税，但免税是有条件的，不符合条件的股息红利即使是权益性投资取得的也不能免税。

企业权益性投资取得的股息红利免税的条件如下所述。

（1）投资方和被投资方均为居民企业，只有居民企业相互投资取得的股息红利所得才免税。一方或双方是非居民企业，则不能享受免税待遇。但是，在中国境内设立机构场所的非居民企业，从居民企业取得的与该机构场所有实际联系的股息红利等权益性投资收益（不包括连续持有居民企业公开发行并上市流通的股票不足12个月取得的投资收益），可以享受免税的待遇。

（2）投资方必须是直接投资于被投资方，包括开办独资企业，合作开办合资企业或合作企业。间接投资，如购买企业债券等，除股票投资外，由于只收取固定的利益，却不承担风险，因此对这部分投资获得的股息红利所得不能免税。

（3）连续持有居民企业公开发行并上市流通的股票不足12个月，所取得的投资收益不能免税。这条规定主要是为了防止非投资性的股票买卖，即炒股。但持有非上市公司的股权不受12个月的限制。

政策法律依据：《企业所得税法》第二十六条，《企业所得税法实施条例》第八十三条。

二、一次性支付的跨年费用的扣除规定

很多财务人员在汇算清缴时都不清楚跨年费用该如何处理,认为只要取得了发票就可以扣除,与跨不跨年没有太大关系。例如,某企业租赁房子,一次性支付5年的租金,取得租赁费发票后在当期全额税前扣除。类似的一次性税前扣除的情况还有企业的装修费及支付的以前年度的公积金、补充保险等费用。毫无疑问,这些做法都是错误的。

企业一次性支付的跨年费用是不能全额税前扣除的。

《企业所得税法实施条例》第九条规定,企业应纳税所得额的计算,以权责发生制为原则,属于当期的收入和费用,不论款项是否收付,均作为当期的收入和费用;不属于当期的收入和费用,即使款项已经在当期收付,均不得作为当期的收入和费用处理。因此,跨年度支付的费用,应当在受益期内分期扣除。在以前年度发生的费用,应追溯到费用所属年度税前扣除。

三、职工福利费的扣除规定

企业应注意,并不是所有福利性质的支出都算职工福利费。例如,职工子女教育费,为职工支付的娱乐、健身、旅游、招待、购物、馈赠等支出,购买商业保险、证券、股权、收藏品等支出,个人行为导致的罚款、赔偿等支出,购买住房、支付物业管理费等,以及应由个人承担的其他支出等,这些福利性质的支出就不属于可以扣除的职工福利费范畴。另外,企业给离退休人员发放的工资福利是与取得收入不直接相关的支出,按照规定不得在企业所得税前扣除。

1. 可以扣除的项目

按规定，可以作为职工福利费扣除的项目如下。

（1）尚未实行分离办社会职能的企业，其内设福利部门所发生的设备、设施和人员费用，包括职工食堂、职工浴室、理发室、医务所、托儿所、疗养院等集体福利部门的设备、设施及维修保养费用和福利部门工作人员的工资薪金、社会保险费、住房公积金、劳务费等。

（2）为职工卫生保健、生活、住房、交通等所发放的各项补贴和非货币性福利，包括企业向职工发放的因公外地就医费用、未实行医疗统筹企业职工医疗费用、职工供养直系亲属医疗补贴、供暖费补贴、职工防暑降温费、职工困难补贴、救济费、职工食堂经费补贴、职工交通补贴等。

（3）按照其他规定发生的其他职工福利费，包括丧葬补助费、抚恤费、安家费、探亲假路费等。

（4）其他符合税法规定的权责发生制原则，满足合法性、真实性、相关性、合理性和确定性等税前扣除要求，确实是企业全体职工福利性质的费用支出，可以作为职工福利费扣除。

职工福利费的扣除比例不能超出工资、薪金总额的14%。

政策法律依据：《企业所得税法实施条例》第四十条、《国家税务总局关于企业工资薪金及职工福利费扣除问题的通知》（国税函〔2009〕3号）。

2. 案例分析

> [案例12-1]

李某是某食品加工企业的负责人，年终，他打算将价值100万元的自产糕点作为福利发放给职工。职工知道后很高兴，都等着拿了福利回家过年。李某也很高兴，他认为这样做不仅可以省一笔年终奖金，同时还能少交点税款（销售收入减少了）。

李某将想法告诉了财务经理，财务经理对他说："将糕点作为福利发给职工没什么问题，但税恐怕一分钱也少交不了。"李某对此表示很不理解，而且他认为，即使视同销售，糕点发给职工是按100万元算的，正常销售至少能卖120万元，这中间有20万元的差价，是不是多少也能省点税？

就税收而言，无论是增值税还是企业所得税，都有视同销售的规定。企业将自产糕点作为福利发放给职工，增值税和企业所得税都要按视同销售征税。至于李某个人认为的20万元差价问题，在税收上，视同销售要求按市场的公允价格计算税款，所以税是少交不了的。但这些视同销售的收入可以作为广告费和业务宣传费、业务招待费等限额扣除项目的计算基数，这样就可以在企业所得税汇算清缴时多扣一些。

四、职工教育培训经费的扣除规定

▶ [案例12-2]

王某创办了一家自己的企业，在把企业做大做强的过程中，他深感自己的管理能力有限，越来越跟不上企业的发展。为了提高管理能力与自身素质，他决定攻读MBA，并经过自身努力顺利毕业。

MBA的学习费用是一笔不小的开支，王某认为自己参加学历教育，虽然拿到的学位是自己的，但学到的本事却是为了企业以后的发展，因此他认为这笔学习费用应当由企业承担。

会计人员遵照王某的意思将其学习费用列入职工教育经费。税务稽查人员对王某企业的账务进行检查后表示,王某学历教育的费用不能在企业职工教育经费中列支,因此要调增应纳税所得额,补税、滞纳金、罚款一样都不能少。

在企业所得税汇算清缴时,一些企业会将企业高管攻读 MBA 的学费、到国外学习培训的费用及员工参加各种学历教育的费用认定为职工教育培训经费在税前扣除。

职工教育培训经费能否在税前扣除?回答是肯定的,但扣除有条件,也有比例限制,不能想怎么扣就怎么扣,想扣多少就扣多少,必须依据相关规定进行扣除,否则会有很大的税收风险。

1. 不超过工资、薪金总额 8% 的部分扣除规定

从 2018 年开始,企业发生的职工教育培训经费支出,不超过工资、薪金总额 8% 的部分,准予在计算企业所得税应纳税所得额时扣除;超过部分,准予在以后纳税年度结转扣除。

根据财建〔2006〕317 号的规定,企业职工教育培训经费的列支范围如下:

(1)上岗和转岗培训;

(2)各类岗位适应性培训;

(3)岗位培训、职业技术等级培训、高技能人才培训;

(4)专业技术人员继续教育;

(5)特种作业人员培训;

(6)企业组织的职工外送培训的经费支出;

(7)职工参加的职业技能鉴定、职业资格认证等经费支出;

(8)购置教学设备与设施;

（9）职工岗位自学成才奖励费用；

（10）职工教育培训管理费用；

（11）有关职工教育的其他开支。

同时规定，企业职工参加社会上的学历教育以及个人为取得学位而参加的在职教育，所需费用应由个人承担，不能挤占企业的职工教育培训经费。

依据上述文件，企业职工参加社会上的学历教育以及个人为取得学位而参加的在职教育的学费是不能在职工教育培训经费中列支的。但企业为鼓励职工提升工作能力，给予职工一定的自学成才的奖励，该部分费用可以在职工教育培训经费中列支。

2.可以全额扣除的职工教育培训经费

正如上述所讲，职工教育培训经费一般只能按工资、薪金总额的8%在企业所得税前扣除，但有一些特殊行业职工的培训费不受8%比例的限制，可以在企业所得税前全额扣除，具体如下所述。

（1）集成电路设计企业和符合条件的软件企业。根据财税〔2012〕27号的规定，集成电路设计企业和符合条件的软件企业的职工培训费用，应单独进行核算并按实际发生额在计算应纳税所得额时扣除。但有一个条件，即职工培训费应当单独进行核算，如未单独核算则不能扣除。

（2）经认定的自主开发、生产动漫产品的动漫企业。根据财税〔2009〕65号的规定，经认定的动漫企业自主开发、生产动漫产品，可申请享受国家现行鼓励软件产业发展的企业所得税优惠政策。

国家鼓励软件产业和集成电路产业发展的税收政策均允许软件生产企业的职工培训费用，可按实际发生额在计算应纳税所得额时扣除，但要求单独核算。

（3）航空企业发生的相关职工培训费。根据国家税务总局公告2011年第 34 号的规定，航空企业实际发生的飞行员养成费、飞行训练费、乘务训练费、空中保卫员训练费等空勤训练费用，可以作为航空企业运输成本在税前扣除。

（4）核力发电企业为培养核电厂操纵员发生的培养费用。根据国家税务总局公告 2014 年第 29 号的规定，核力发电企业为培养核电厂操纵员发生的培养费用，可作为企业的发电成本在税前扣除。企业应将核电厂操纵员培养费与员工的职工教育经费严格区分，单独核算，员工实际发生的职工教育经费支出不得计入核电厂操纵员培养费直接扣除。

五、补充养老与医疗保险的扣除规定

▶ [案例 12-3]

2019 年，李某的公司效益不错，公司高管贡献较大，为了鼓励高管们继续努力工作，李某决定给高管交补充养老保险与补充医疗保险。2020 年 10 月，税务稽查部门指出李某的公司为高管买补充养老保险与补充医疗保险支付的费用 60 万元不能在企业所得税前扣除，应调增应纳税所得额 60 万元，要求补税，并处以 0.5 倍的罚款。

李某对此提出质疑，他认为公司给高管购买的补充医疗保险和补充养老保险所支出的费用与公司的生产经营有关，符合税法规定，可以在企业所得税前扣除。

目前，很多企业都会给部分高管购买补充养老保险、补充医疗保险，并将支付的费用在企业所得税年终汇算清缴时直接税前扣除。

这种做法有些企业也许认为没什么问题，因为《企业所得税法实施条例》规定:"企业为投资者或者职工支付的补充养老保险费、补充医疗保险费,在国务院财政、税务主管部门规定的范围和标准内,准予扣除。"然而,大家要注意一点,这项扣除需要在国务院财政、税务主管部门规定的范围和标准内执行,否则会给企业带来税收风险。

财税〔2009〕27号规定:"自2008年1月1日起,企业根据国家有关政策规定,为在本企业任职或者受雇的全体员工支付的补充养老保险费、补充医疗保险费,分别在不超过职工工资总额5%标准内的部分,在计算应纳税所得额时准予扣除;超过的部分,不予扣除。"

该文件对扣除条件做了非常明确的规定。

(1)企业为全体员工支付的补充养老保险费、补充医疗保险费才能按规定扣除,而不是部分高管。

(2)不超过职工工资总额5%标准内的部分准予扣除。

因此,企业给部分高管额外购买的补充养老保险、补充医疗保险,在年终企业所得税汇算清缴时不能扣除。

六、公益性捐赠的扣除规定

有些企业热衷于社会公益事业,经常给贫困山区、慈善机构捐款。这是件好事,税收政策对这样的公益行为也是支持的,但是税收政策的支持是有条件的,不符合条件的捐赠,是不能在企业所得税前扣除的。具体来说,企业以下的公益性捐赠支出不能在税前扣除。

(1)直接捐赠。企业将款物直接捐赠给受益人的,不能税前扣除。

(2)公益性社会团体不在名单内。有些企业虽然通过公益性社会团体进行捐赠,但该团体不在具有公益性捐赠税前扣除资格的公益性社会团体名单内的,不能税前扣除。

（3）通过县级以下人民政府捐赠。企业通过乡镇政府进行捐赠，或直接捐赠给某村委会，不符合"县级（含县级）以上人民政府及其部门"规定的，不能税前扣除。

（4）企业捐赠支出超过年度利润总额12%的部分，不能税前扣除，但可结转以后年度扣除，结转年限自捐赠发生年度的次年起计算最长不得超过三年。

政策法律依据：《企业所得税法实施条例》《中华人民共和国公益事业捐赠法》《关于公益性捐赠支出企业所得税税前结转扣除有关政策的通知》（财税〔2018〕15号）。

七、会议费的扣除规定

企业在汇算清缴时经常分不清会议费与业务招待费。当然，也不排除有些企业有意为之。之所以有意为之，是因为会议费与招待费、广告费等的扣除要求不一样，只要是真实、合理的会议费支出，都允许税前扣除。但是，没有限额并非没有限制。会议费税前扣除应提供相应的证明材料，包括会议召开的时间、地点、出席人员、内容、目的、费用标准及支付凭证等。

▶ ［案例12-4］

A公司于春秋两季分别组织召开两次产品沟通会，会议资料显示：沟通会每次为期3天，地点为某旅游胜地，参会人员为公司部分管理人员及重要客户，并附人员名单。

会议的入账发票为某旅行社开具的服务业发票，当年度两次费用合计为85万元，公司会计人员直接将这两笔费用记入"管理费用——会议费"科目。

税务机关要求该公司提供更为详细的会议资料，如会议具体内容、会议标准以及与旅行社签订的合同等相关资料。在审核相关资料后，税务机关发现所谓的产品沟通会，会期仅为半天，其余大部分时间都在游玩。于是，税务机关要求该公司仅将旅行社提供的清单中租赁某酒店会议室的费用5 000元作为会务费列支，其余全部调整为业务招待费。

实务中，经常有企业以开会之名招待客户、供销商等，将旅游和餐饮等费用作为会议费支出全额税前扣除，这样做无疑是错误的，这些费用应作为业务招待费支出，按一定比例在税前扣除。

八、企业商业保险税前扣除的例外规定

一般情况下，企业为员工购买的商业保险不能在企业所得税前扣除，但以下两种情况除外。

1. 企业为特殊工种职工购买的人身安全保险

这里要明确一点，只有法律强制性规定企业必须为哪些工种的职工购买商业保险，商业保险费用才允许在企业所得税前扣除。例如，《中华人民共和国建筑法》第四十八条规定："建筑施工企业应当依法为职工参加工伤保险缴纳工伤保险费。鼓励企业为从事危险作业的职工办理意外伤害保险，支付保险费。"《中华人民共和国煤炭法》第四十四条规定："煤矿企业应当依法为职工参加工伤保险缴纳工伤保险费。鼓励企业为井下作业职工办理意外伤害

保险,支付保险费。"

如果没有法律的规定,只是企业自愿对个别工种的员工购买商业保险,那么购买商业保险的费用不能在企业所得税前扣除。

2. 职工出差乘坐交通工具发生的人身意外保险费

企业职工根据工作需要到外地出差是常事,既然出差就要乘坐飞机、火车等交通工具,无论选择哪种交通工具,为了防止意外的发生,都需要购买人身意外保险。根据国家税务总局公告2016年第80号的规定,"企业职工因公出差乘坐交通工具发生的人身意外保险费支出,准予企业在计算应纳税所得额时扣除。"

九、劳务派遣企业所得税的扣除问题

劳务派遣是目前非常普遍的一种用工形式,有些人想当然地认为既然是劳务派遣,那么劳务派遣人员的工资、薪金及福利等都应由劳务派遣公司发放,并在劳务派遣公司的企业所得税前扣除,与用工企业没有多大关系,用工企业只付费用工即可。

这种观点从表面上看没什么问题,但在现实中,由于劳务派遣形式的多样性,决定了这种观点只有理论上的正确性。

那么,企业接受外部劳务派遣用工支出究竟如何税前扣除?依据国家税务总局公告2015年第34号,企业接受外部劳务派遣用工所实际发生的费用,应分以下两种情况按规定在税前扣除。

(1)按照协议(合同)约定直接支付给劳务派遣公司的费用,应作为劳务费支出。

（2）直接支付给员工个人的费用，应作为工资、薪金支出和职工福利费支出。其中属于工资、薪金支出的费用，准予计入企业工资、薪金总额的基数，作为计算其他各项相关费用扣除的依据。

十、支付专家的相关费用能否税前扣除

> [案例12-5]

某公司召开研讨会，请了多位行业内的专家来参会，就公司目前存在的问题商讨解决方案。公司向专家支付了5万元交通、住宿等费用，这些费用能否在企业所得税前扣除？

根据税法的规定，企业实际发生的与取得收入有关的、合理的支出，包括成本、费用、税金、损失和其他支出，准予在计算应纳税所得额时扣除。有关的支出是指与取得收入直接相关的支出，合理的支出是指符合生产经营活动常规，应当计入当期损益或者有关资产成本的必要和正常的支出。

所以，该公司支付专家的费用可以作为管理费用在税前扣除。但要注意一点，公司支付给专家的劳务报酬须代扣代缴个人所得税。

十一、核定征收的企业是否要进行汇算清缴

当企业所得税的纳税义务人存在《税收征管法》上规定的诸如"应当设置账簿没有设置、擅自销毁账簿或者拒不提供纳税资料"等情形时，税务机关可以采取核定征收方式。

按规定，企业所得税纳税人申报缴税采取按季申报预缴，年度终了五个月内，或实际终止经营 60 日内进行企业所得税的汇算清缴。那么，核定征收的纳税人是否要进行汇算清缴呢？这关键要看其采取何种核定征收方式。

核定征收分为定额征收和核定应税所得率征收两种方式。

（1）实行定额征收企业所得税的纳税人，不用进行年终的汇算清缴。

（2）实行核定应税所得率征收企业所得税的纳税人，则要进行年度的汇算清缴。

第十三章　利息支出不能税前扣除的情形

企业在生产经营的过程中总会遇到一些困难,如资金短缺,而借款是一种常见的解决办法。表面上看,企业借款似乎与税没有多大关系,但实际上,企业所有的经济行为都与税有着密切的关系,借款也不例外。

通常情况下,企业向外部借款需要支付利息,而利息能否在企业所得税前扣除,则关系着每个企业的钱袋子。企业借款一般都是大数字,利息自然也不会少。

借款利息如何在企业所得税前扣除,关键要看企业向谁借的款、款项用在了什么地方、借款的利息有多高、支付利息后是否取得了发票等,我们只有把这些问题都搞清楚,才能做好企业所得税前扣除工作,否则会给企业带来税收风险。

一、利息支出税前扣除的相关规定

利息支出税前扣除的相关规定如下。

第一,税前扣除要有合法有效的凭证,即企业支付利息后对方要开发票,如果对方没有开发票,则企业的利息支出不能在企业所得税前扣除。

第二,与企业生产经营没有关系的借款利息支出,不能在企业所得税前扣除。例如，企业会将取得的银行贷款无偿借给关联企业，自己支付贷款利息，该利息属于与企业生产经营无关的支出，不能税前扣除。

第三，投资者出资不到位，企业借款相当于出资不到位金额所支付的利息，不得在企业所得税前扣除。例如，按企业章程规定，张某应在2020年3月投资1 000万元，然而到2020年8月出资始终没有到位。此时，企业向外借款2 000万元，其中1 000万元的借款利息不得在企业所得税前扣除。

第四，企业借款所支付的利息，超过了金融企业同期同类贷款利率所计算出的利息，不得在企业所得税前扣除。

第五，关联企业之间超过债资比的利息支出，不得在企业所得税前扣除，但符合独立交易原则的关联企业的借款利息支出，可以在企业所得税前扣除，不受债资比的限制。

第六，应当资本化的利息支出，则应计入固定资产、无形资产成本，通过折旧或摊销在企业所得税前扣除，不得在发生时一次性税前扣除。

二、非金融企业之间借款利息支出的扣除政策

企业向其他企业借款，利息会比向金融机构贷款高一些，这些利息按规定可以税前扣除，但有一定条件，根据《国家税务总局关于企业所得税若干问题的公告》（国家税务总局公告2011年第34号），非金融企业向非金融企业借款的利息支出，扣除的利息应以金融机构同期同类的业务贷款利率为标准，不超过按照此标准贷款利率计算出的数额部分，可以税前扣除，超出部分不可税前扣除。

1. 政策主体——非金融企业

在弄清非金融企业之前,我们要明白什么是金融企业。金融企业是指经政府有关部门批准成立的可以从事贷款业务的企业,包括银行、财务公司、信托公司等金融机构。除了金融企业以外的都是非金融企业。

2. 政策内容

超过按照金融企业同期同类贷款利率计算的数额部分不允许税前扣除。所谓同期同类贷款利率,是指在贷款期限、贷款金额、贷款担保以及企业信誉等条件基本相同的情况下,金融企业提供贷款的利率。它既可以是金融企业公布的同期同类平均利率,也可以是金融企业对某些企业提供的实际贷款利率。

3. 政策条件

鉴于目前我国对金融企业利率要求的具体情况,企业在按照合同首次支付利息并进行税前扣除时,应提供"金融企业的同期同类贷款利率情况说明",以证明其利息支出的合理性。

三、向关联方借款超过债资比标准的利息支出扣除政策

根据《财政部 国家税务总局关于企业关联方利息支出税前扣除标准有关税收政策问题的通知》(财税〔2008〕121号),企业向关联方借款超过债资比标准的部分发生的利息支出不得税前扣除。

1. 政策主体——关联企业

关于什么是关联企业，《国家税务总局关于完善关联申报和同期资料管理有关事项的公告》（国家税务总局公告2016年第42号）中列明了7种关系，企业间具有这7种关系之一的就属于关联企业。

（1）一方直接或者间接持有另一方的股份总和达到25%以上，双方直接或者间接同为第三方所持有的股份达到25%以上。如果一方通过中间方对另一方间接持有股份，只要其对中间方持股比例达到25%以上，则其对另一方的持股比例按照中间方对另一方的持股比例计算。两个以上具有夫妻、直系血亲、兄弟姐妹以及其他抚养、赡养关系的自然人共同持股同一企业，在判定关联关系时持股比例合并计算。

（2）双方存在持股关系或者同为第三方持股，虽持股比例未达到本条第（1）项规定，但双方之间借贷资金总额占任一方实收资本比例达到50%以上，或者一方全部借贷资金总额的10%以上由另一方担保（与独立金融机构之间的借贷或者担保除外）。

（3）双方存在持股关系或者同为第三方持股，虽持股比例未达到本条第（1）项规定，但一方的生产经营活动必须由另一方提供专利权、非专利技术、商标权、著作权等特许权才能正常进行。

（4）双方存在持股关系或者同为第三方持股，虽持股比例未达到本条第（1）项规定，但一方的购买、销售、接受劳务、提供劳务等经营活动由另一方控制。

上述控制是指一方有权决定另一方的财务和经营政策，并能据以从另一方的经营活动中获取利益。

（5）一方半数以上董事或者半数以上高级管理人员（包括上市公司董事会秘书、经理、副经理、财务负责人和公司章程规定的其他人员）由另一方任命或者委派，或者同时担任另一方的董事或者高级管理人员；或者双方各自半数以上董事或者半数以上高级管理人员同为第三方任命或者委派。

（6）具有夫妻、直系血亲、兄弟姐妹以及其他抚养、赡养关系的两个自然人分别与双方具有本条第（1）至（5）项关系之一。

（7）双方在实质上具有其他共同利益。

除本条第（2）项规定外，上述关联关系年度内发生变化的，关联关系按照实际存续期间认定。

2.政策内容

在计算应纳税所得额时，企业接受关联方债权性投资与权益性投资，实际支付给关联方的利息支出不超过规定比例（金融企业为5∶1，其他企业为2∶1）和税法及其实施条例有关规定计算的部分，准予扣除，超过的部分不得在发生当期和以后年度扣除。其中，债权性投资是指企业直接或者间接从关联方获得的，需要偿还本金和支付利息或者需要以其他具有支付利息性质的方式予以补偿的融资；权益性投资是指企业接受的不需要偿还本金和支付利息，投资人对企业净资产拥有所有权的投资。

企业能够按照税法及其实施条例的有关规定提供相关资料，并证明相关交易活动符合独立交易原则的，或者该企业的实际税负不高于境内关联方的，其实际支付给境内关联方的利息支出，在计算应纳税所得额时准予扣除。

四、向自然人借款的利息支出扣除政策

企业向自然人借款的利息，不满足税法规定相关条件的，不得扣除。根据借款对象的不同，企业向自然人借款需分以下两种情况处理。

第一，企业向股东或其他与企业有关联关系的自然人借款的利息支出，视同向关联企业借款处理。

第二，企业向内部职工（不包括股东）或其他人员借款。根据《国家税务总局关于企业向自然人借款的利息支出企业所得税税前扣除问题的通知》（国税函〔2009〕777号），企业向内部职工（不包括股东）或其他人员借款，符合以下条件的，其利息支出不超过按照金融企业同期同类贷款利率计算的数额部分，可以按照税法及相关政策要求扣除。

（1）企业与个人之间的借贷是真实、合法、有效的，并且不具有非法集资目的或其他违反法律法规的行为。

（2）企业与个人之间签订了借款合同。同时，自然人应该为企业申请代开发票，企业代扣代缴个税或者自然人自行申报缴纳个税。

五、资本化支出的扣除政策

企业在生产经营活动中发生的资本化利息支出不得在当期企业所得税前直接扣除。

企业借款费用在企业所得税上可以分两种情况处理，一种是费用化，另一种是资本化。费用化的部分可以在当期所得税前一次性扣除，资本化的部分需要根据其归属形成的资产计入资产成本在以后年度摊销扣除。

对于什么是资本化、什么是费用化，《企业会计准则第17号——借款费用》做出了解释：企业发生的借款费用，可直接归属于符合资本化条件的资产的购建或者生产的，应当予以资本化，计入相关资产成本；其他借款费用，应当在发生时根据其发生额确认为费用，计入当期损益。

实务中，一些房地产开发企业会将所贷款项用于房地产项目开发，每年支付巨额利息并计入财务费用，这样操作是错误的。符合资本化条件的利息应计入房地产项目的开发成本，不能在当年一次性税前扣除。

《企业所得税法实施条例》第三十七条规定："企业为购置、建造固定资产、无形资产和经过 12 个月以上的建造才能达到预定可销售状态的存货发生借款的，在有关资产购置、建造期间发生的合理的借款费用，应当作为资本性支出计入有关资产的成本，并依照本条例的规定扣除。"

第十四章　关联企业的税收风险

实务中,有些关联企业会利用关联关系避税,这是严重的违法违规行为。关联企业间的交易会受到税务机关的格外关注,如关联交易是否具有合理的商业目的、交易价格是否按独立交易的原则定价、交易是否会造成国家税收损失等。因此,为保证交易合理合法,关联企业在交易过程中要关注相关税收政策与风险。

一、税收风险点

1."税收洼地"

不同国家及地区之间税率有很大的差异,如百慕大群岛、开曼群岛是没有企业所得税的。我国不同省份之间的税收政策也有差异,例如,我国对设在西部地区的鼓励类产业企业减按 15% 的税率征收企业所得税。

有些关联企业在没有实质交易的情况下,会利用这些"税收洼地",通过转计利润等方式达到避税的目的,使企业税收利益最大化。若是跨国交易,则会把企业在本国的利润以及财富转移至国外,同一国家不同区域虽然不会造成财富的外流,但会造成国家税款流失。因此,对关联企业利用"税收洼地"避税,一直是税务机关反避税的重点。

2. 不按独立交易原则交易

关联企业虽为关联方,但从法律地位上看,均为独立的企业法人,无论投资理财还是管理销售、生产经营等都应互不统属,自负盈亏,风险自担。如果关联企业在生产经营活动中都如此行事,依法纳税,那就不存在问题了。然而,事实并非如此,有些关联企业各方为了多挣些钱,常常会想尽办法少交税,不遵循独立交易原则。

按税法规定,关联企业间业务往来应当遵循独立交易原则,关联企业间关联交易产生的利润应与独立企业所获取的利润大体一致。因此,如果关联企业交易不遵循独立交易原则,那么将会面临税务机关反避税调查的风险。

3. 关联交易的定价

关联企业间交易的价格是否存在人为操纵的因素,一直是税务机关监控的重点。因为关联企业的避税大多是通过在交易中操控价格来实现的。按市场规律,价格的高低取决于供求关系,供大于求则价格低,反之则价格高,而有些关联企业为了避税,在交易过程中会人为地操纵价格。

例如,甲公司与乙公司是关联企业,甲公司适用的企业所得税税率为25%,而乙公司享受西部大开发优惠政策,企业所得税税率为15%。甲公司将原价格每吨1 000元的货物以800元销售给乙公司,通过低价销货,将利润转移给乙公司,从而达到避税的目的。

当无法确定企业是否操纵价格时,一般会由专门的中介机构出具相关数据报告,论证某项或某类关联企业间交易定价的公允性,如果税务机关认为合理,将不再进行关联交易的纳税调整,否则要补税和加收利息。

4. 非居民企业股息红利分配未扣缴

非居民企业在中国境内投资居民企业取得的股息红利所得,要由境内的支付方按 10% 的税率代扣企业所得税,但由于是关联企业,境内的居民企业可能会忽视这项规定,也就是说不履行扣缴义务。《税收征管法》规定:"扣缴义务人应扣未扣、应收而不收税款的,由税务机关向纳税人追缴税款,对扣缴义务人处应扣未扣、应收未收税款百分之五十以上三倍以下的罚款。"

二、关联企业应注意的问题

关联企业之间不是不可以交易,正常的交易是允许的,但由于关联企业之间有着共同的利益,因此会受到税务机关的关注。为了保证关联企业之间的交易合理合法,关联企业应注意以下几个问题。

(1) 熟悉掌握交易各方所在地的税收优惠政策。如果交易各方涉及不同区域,而不同区域存在不同的税率,那么关联各方的交易应遵循一般交易规则。换句话说,关联企业之间的交易应具有合理的商业目的。

(2) 熟悉并掌握税务机关反避税调查的政策与程序。

(3) 按税务机关的规定进行关联申报,留存能证明关联企业之间的交易真实发生和定价公允的相关资料,以备税务机关核查。

三、特别纳税调整的方法

对于关联企业的交易,如果没有按照独立交易原则进行,那么要做特别纳税调整。调整的方法主要有可比非受控价格法、再销售价格法、成本加成法、交易净利润法及利润分割法。

1. 可比非受控价格法

可比非受控价格法以非关联方之间进行的与关联交易相同或者类似业务活动所收取的价格作为关联交易的公平成交价格。可比非受控价格法适用于所有类型的关联交易。例如,甲企业与乙企业是关联关系,甲企业为乙企业提供原材料,同时甲企业也为丙企业提供相同的原材料,判断甲企业与乙企业之间是否构成关联交易,就要将甲企业分别提供给乙企业和丙企业的原材料价格进行比较,如果价格基本相同,那就不构成关联交易;如果价格相差很大,那就构成了关联交易。

采用可比非受控价格法进行纳税调整的关键点是要有"可比性",如果没有可比性,那么这种比对就没有任何意义。交易价格一般会受到很多条件的制约和影响。例如,交易的数量,往往交易的数量越大,价格会越低;交易的时间,交易发生在旺季价格自然会高,发生在淡季价格自然会低;交易的地点,不同的交易地点价格会不同;交易的环节,在批发环节交易价格会低一点,而在零售环节交易价格会高一点。

总之,采用可比非受控价格法进行纳税调整需要考虑的因素会很多。可比非受控价格法的计算公式如下:

$$调增收入 = (非受控价格 - 受控价格) \times 受控销售数量$$

2. 再销售价格法

再销售价格法以关联方购进商品再销售给非关联方的价格减去可比非关联交易毛利后的金额作为关联方购进商品的公平成交价格。

> [案例 14-1]

A 公司从巴拿马总公司购进一台设备，设备价格为 200 万元。到货后，A 公司转手将设备以 180 万元的价格卖给了 B 公司。

税务机关检查后，认为 A 公司与巴拿马总公司之间存在关联交易。A 公司负责人辩解称该公司与巴拿马总公司是关联企业，但交易是按独立交易原则进行的，根本不存在什么关联交易。

税务人员问该负责人："既然没有关联交易，那么为什么把刚从巴拿马进口的设备转手以低于进货价 20（200-180）万元的价格卖给了 B 公司呢？你们公司专门做赔本的买卖吗？"

该负责人被问得哑口无言，不知道该如何回答。

根据规定，A 公司和巴拿马总公司之间买卖设备的交易，销售价格应做特别纳税调整。调整的方法可以采取再销售价格法，计算公式为：

公平交易价＝再销售价－再销售利润率 × 再销售价

经过测算，A 公司将设备销售给 B 公司的毛利率是 10%。因此，A 公司从巴拿马进口的设备的价格应该调整为 162（180-180×10%）万元。

3. 成本加成法

成本加成法以关联交易发生的合理成本加上可比非关联交易毛利后的金额作为关联交易的公平成交价格。

> [案例 14-2]

近些年，王某的生意越做越大，前年还投资控股了一家巴拿马公司，该公司是王某公司的下游企业。换句话说，王某的公司生产出来的产品刚好可以卖给这家巴拿马公司，由其再加工后销售。

由于巴拿马的税负较低，王某便将自己公司的产品以每吨8万元的低价销售过去，这样就可以把利润留在巴拿马公司，也就可以少交税款了。

税务机关发现这一问题后，认为王某与其控股的巴拿马公司的交易属于关联交易，其低价销售产品的做法是典型的转让定价，于是税务机关启动了反避税调查。

根据王某公司关联交易的情况，税务机关决定采用成本加成法来推算王某的公司与巴拿马公司交易的合理价格。税务机关结合王某公司的产品结构、经营环节、经营数额等因素，确定了可比数据，从数据库中选择了5家公司，测算出5家公司成本加成率的加权平均值为10%，又计算出王某公司与巴拿马公司交易的合理成本为10万元，则公平成交价格的计算如下：

公平成交价格＝关联交易发生的合理成本×（1+可比非关联交易成本加成率）=10×（1+10%）=11（万元）

4. 交易净利润法

交易净利润法以可比非关联交易的利润指标确定关联交易的利润。利润指标包括息税前利润率、完全成本加成率、资产收益率、贝里比率、销售利润率等。

▶ ［案例14-3］

甲公司是一家产品批发企业，其公司总部设在欧洲。甲公司的日常经济业务主要为从欧洲公司总部进口货物，然后销售给零售商。三年间，甲公司从欧洲公司总部购进货物的总金额超过了5 000万元。

由于是关联企业之间的交易，因此甲公司负责人总担心税务机关对其进行调查。后来了解到，甲公司可以通过与税务机关协商将其与欧洲公司总部交易的定价原则和计算方法确定下来。如果能达成这样的预约定价安排，甲公司就可以安心做生意了。

经过反复协商，税务机关决定采取交易净利润法来确定甲公司与欧洲公司总部之间交易的关联价格。

税务机关在系统数据库里选择了5家公司作为参照系，这5家公司都从欧洲制造商那里购买了与甲公司相同的产品，然后销售给零售商。税务机关决定选取销售利润率作为比较指标。这5家公司的销售利润率分别为3%、4%、4%、4%、5%，税务机关决定用4%作为参照。经测算，甲公司每个产品必须取得1美元的净利润，才能保证5%的净利润率，这样甲公司与欧洲公司总部之间的交易价格基本就能确定下来了。

5. 利润分割法

利润分割法是根据企业与其关联方对关联交易合并利润（实际或者预计）的贡献计算各自应当分配的利润额。

利润分割法主要包括一般利润分割法和剩余利润分割法。一般利润分割法是根据关联交易各参与方所执行的功能、承担的风险以及使用的资产，确定各自应取得的利润。剩余利润分割法是将关联交易各参与方的合并利润减去分配给各方的常规利润的余额作为剩余利润，再根据各方对剩余利润的贡献程度进行分配。

> [案例14-4]

　　三个朋友相约一起吃饭，陈某带了3张饼，王某带了6张饼，张某什么都没带，是专门来蹭饭的。这3个人每人吃了3张饼，吃完后，张某表示自己没打算白吃饭，他刚好有9块钱，就当是饭钱了，于是放下钱就走了。

　　陈某和王某商量如何分这9块钱。陈某说："我们干脆一人4.5元。"王某不同意，说："我出了6张饼，你只出了3张饼，对半分不公平。我的意见是，你分3块钱，我分6块钱，这样才公平。"两人因此争执不下，于是找到了李某，让其评评到底谁有理。

　　李某听了两人的诉说后表示，王某愿意给陈某分钱已经很大方了，按道理来讲，陈某1分钱都拿不到。理由在于，陈某虽然出了3张饼，但这3张饼是谁吃了呢？实际上是陈某自己吃了。张某吃的饼是王某带来的6张饼之中的3张，所以这9块钱应该是那3张饼的价钱，而不是全部9张饼的价钱。因此，这9块钱应全部归王某所有。

　　陈某听了李某算的账后，心服口服！

这是一个很有趣的案例，其道出了特别纳税调整中利润分割法的原理，即根据有关联关系的双方或者三方各自贡献的大小来确定利润的分割方法。

当然，从目前的情况来看，国际反避税中的利润分割法在应用的过程中要远比故事复杂得多，因为仅就关联方的利润，计算起来就是一件非常烦琐的工作。但在一定条件下，利润分割法是一种较容易让税务机关和纳税人达成一致的特别纳税调整方法。

第十五章　企业重组的税收问题

企业重组是指企业在日常经营活动以外发生的法律结构或经济结构重大改变的交易,包括企业法律形式改变、债务重组、股权收购、资产收购、合并、分立等。企业重组有利于企业在短时期内优化资本结构,实现资源的有效配置,从而增强企业的竞争能力和抗风险能力。它是企业拓展经营,实现生产与资本集中,达到企业外部增长的重要方式。

企业重组过程伴随着产权和资金的转移,必然会带来税收问题,因此,掌握税收与企业重组的关系对企业而言是十分必要的。

一、企业法律形式改变

企业法律形式改变是指企业注册名称、住所及企业组织形式等的简单改变,但符合政策规定的其他重组的类型除外。例如,A房地产开发有限公司更名为A房屋开发有限公司、将住所地由北京迁移至上海、原有限责任公司变更为股份有限公司,或者原有限责任公司变更为个人独资企业、合伙企业等,均属于此类重组。

企业法律形式改变的税务处理主要分为以下两种情况。

1.企业由法人转变为个人独资企业、合伙企业等非法人组织，或将登记注册地转移至中华人民共和国境外

这种情况下，法人负有限责任，个人独资企业和合伙企业负无限责任，从有限责任到无限责任，只能视同清算，即先偿债再分配净资产；反之，从个人独资企业、合伙企业转到法人企业，需要以清算后的资产投资设立股份公司。

企业的全部资产以及股东投资的计税基础均应以公允价值为基础确定，即转变后的非法人组织承续清算企业的资产应以公允价值为基础确定其计税基础。

2.企业发生其他法律形式简单改变

该情形主要指注册名称改变、地址变更等。财税〔2009〕59号规定，企业发生其他法律形式简单改变的，可直接变更税务登记，除另有规定外，有关企业所得税纳税事项（包括亏损结转、税收优惠等权益和义务）由变更后企业承继，但因住所发生变化而不符合税收优惠条件的除外。

二、债务重组

债务重组是指在债务人发生财务困难的情况下，债权人按照其与债务人达成的书面协议或者法院裁定书，就债务人的债务做出让步的事项。

1.债务重组的性质

根据财税〔2009〕59号的规定，债务重组的企业所得税事项可分为以非

货币资产清偿债务、将债权转为股权和以"差额"结清债权债务。这三种情况因性质不同,当事人双方在企业所得税处理上也不尽相同。

(1)非货币资产清偿债务。这种情况应当分解为转让相关非货币性资产、按非货币性资产公允价值清偿债务两项业务,确认相关资产的所得或损失。

(2)将债权转为股权。发生债权转股权的,应当分解为债务清偿和股权投资两项业务,确认有关债务清偿所得或损失。

(3)以"差额"结清债权债务。债务人应当按照支付的债务清偿额低于债务计税基础的差额,确认债务重组所得;债权人应当按照收到的债务清偿额低于债权计税基础的差额,确认债务重组损失。

2. 债务豁免与税

▶ [案例15-1]

李某的公司因经营困难欠了一些外债,先后被陈某的公司与牛某的公司告上法庭,要求其还债。法庭上,李某承认了自己公司的欠钱行为,并表示他也想还,但当下确实经营困难,无钱还债。后经法院调解,李某与陈某、牛某达成协议。鉴于李某的公司经营困难,豁免了其20%的债务,其余的债务用李某公司生产的产品抵债。

协议达成后,李某很高兴,他赶紧回公司组织生产,按照协议规定的时间将抵债的产品交付陈某与牛某。

无债一身轻的李某没想别的,他一心一意抓生产,到年底居然扭亏为盈了。一天,他遇见了在税务局工作的朋友,两人一边喝茶一边聊天,他将之前的债务纠纷前前后后的解决过程告诉了朋友。

朋友听了李某的诉说后,问他:"调解书上注明豁免了你公司20%的债务,你是否做了收入申报纳税呢?"李某奇怪地问:"人家减了我公司的债务,需要作为我公司的收入缴税吗?这又不是公司的经营所得。"

这个案例中,李某的公司需要就豁免的 20% 的债务纳税,因为根据国家税务总局公告 2011 年第 25 号的规定,企业债务重组获得的债务豁免应缴纳企业所得税。

三、股权收购

股权收购是指一家企业(以下称为收购企业)购买另一家企业(以下称为被收购企业)的股权,以实现对被收购企业控制的交易。收购企业支付对价的形式包括股权支付、非股权支付或两者的组合。股权收购在企业所得税的税务处理上分为一般性税务处理和特殊性税务处理。

1. 一般性税务处理

一般性税务处理要求如下:
(1)被收购方应确认股权转让所得或损失;
(2)收购方取得股权的计税基础应以公允价值为基础确定;
(3)被收购企业的相关所得税事项原则上保持不变。

2. 特殊性税务处理

特殊性税务处理即暂不确认股权转让的所得或损失。

（1）适用条件

同时符合以下 5 个条件的股权收购，可以采取特殊性税务处理：

①具有合理商业目的，且不以减少、免除或者推迟缴纳税款为主要目的；

②被收购的股权不低于被收购企业全部股权的 50%；

③企业重组后的连续 12 个月内不改变重组资产原来的实质性经营活动（经营的连续性）；

④收购企业在该股权收购发生时的股权支付金额不低于其交易支付总额的 85%（权益的连续性）；

⑤企业重组中取得股权支付的原主要股东，在重组后连续 12 个月内，不得转让所取得的股权。

（2）特殊性税务处理的计税基础

①被收购企业的股东取得收购企业股权的计税基础，以被收购股权的原有计税基础确定。

②收购企业取得被收购企业股权的计税基础，以被收购股权的原有计税基础确定。

③收购企业、被收购企业的原有各项资产和负债的计税基础及其他相关所得税事项保持不变。

四、资产收购

资产收购是指一家企业（以下称为受让企业）购买另一家企业（以下称为转让企业）实质经营性资产的交易。资产收购所支付对价的形式包括股权支付、非股权支付（现金、存货、固定资产、无形资产等其他资产）或两者的组合。

根据规定,在资产重组过程中,通过合并、分立、出售、置换等方式,将全部或者部分实物资产以及与其相关联的债权、负债和劳动力一并转让给其他单位和个人,其中涉及的不动产、土地使用权转让行为,不征收增值税;无论受让方采取何种方式支付对价,转让方产权主体发生变更,均视为取得了收入,需要缴纳土地增值税;在资产收购中,收购方需要按照收购合同中土地、房屋的作价缴纳契税,合同价格不公允的,以市价作为计税基础。

资产收购的企业所得税处理分为一般性税务处理和特殊性税务处理。

1. 一般性税务处理

一般性税务处理要求如下:

(1)被收购方应确认资产转让所得或损失;

(2)收购方取得资产的计税基础应以公允价值为基础确定;

(3)被收购企业的相关企业所得税事项原则上保持不变。

2. 特殊性税务处理

资产收购,受让企业收购的资产不低于转让企业全部资产的50%,且受让企业在该资产收购发生时的股权支付金额不低于其交易支付总额的85%,可以选择按以下规定处理:

(1)转让企业取得受让企业股权的计税基础,以被转让资产的原有计税基础确定;

(2)受让企业取得转让企业资产的计税基础,以被转让资产的原有计税基础确定。

第十六章　企业所得税疑难问题处理

企业所得税是除增值税之外的另一大税种,对企业经营活动和收益分配的影响较大。从税务机关的专项检查来看,很多企业都存在扣除项目不规范、多列成本、多计费用等问题。对此,企业应加以重视,及时处理企业所得税相关问题,做好企业所得税申报工作。

一、企业预提工资薪金的税前扣除

企业发放工资薪金一般是"先干活,后发钱"。这种工资薪金发放模式更便于企业管理,因为工资薪金的高低要根据人员的工作绩效而定。这样就存在一个预提工资薪金的问题。所谓预提,就是在工资薪金还没发放之前,先把工资薪金总额提出来。那么,企业预提的工资薪金能不能在企业所得税前扣除呢?这要具体问题具体分析。

首先,从扣除时间上看,按照权责发生制原则,企业当年发生的工资薪金只能在当年扣除。例如,企业在2019年预提了一笔年终奖,但在2020年初才发放,那么这笔奖金只能在2019年企业所得税汇算清缴时扣除,而不能在2020年扣除。

其次,工资薪金必须实际支付。企业预提的工资薪金可能会比实际发放的数额多，但是能在企业所得税前扣除的，只能是实际发放的数额，而不是企业预提的数额。

▶ [案例16-1]

甲公司是一家生产企业，因资金紧张，当年没有足额发放已计提的工资，只发放了一部分，其余的准备以后年度发放，但在年终汇算清缴时，甲公司却将这部分没有发放的工资也在企业所得税前扣除了。甲公司会计人员认为，这部分工资早晚也要发，现在只不过提前扣除了而已。

这个案例中，甲公司在年度汇算清缴时将计提的工资在企业所得税前全额扣除的做法是错误的，因为根据《国家税务总局关于企业工资薪金和职工福利费等支出税前扣除问题的公告》(国家税务总局公告2015年第34号)，工资薪金必须是实际发放的才能在年度汇算清缴结束前扣除，没有发放的不能扣除。

二、企业弥补亏损的不同年限

根据税法的规定，企业有了亏损后可以弥补亏损，但弥补亏损有年限限制，不能无限期结转弥补。

一般情况下，企业可以弥补亏损的年限为5年，但特殊情况下可以弥补8年或10年，具体规定如下。

(1) 根据财税〔2018〕76号的规定，高新技术企业或科技型中小企业，具备资格年度之前5个年度发生的尚未弥补完的亏损，准予结转以后年度弥补，最长结转年限为 10 年。

（2）根据财政部、税务总局公告 2020 年第 8 号的规定，受新冠肺炎疫情影响较大的困难行业企业，包括交通运输、餐饮、住宿、旅游 (指旅行社及相关服务、游览景区管理两类) 四大类，2020 年度发生的亏损，最长结转年限为 8 年。困难行业企业享受此项政策的，2020 年主营业务收入占收入总额扣除不征税收入和投资收益后余额的比例，应在 50%(不含) 以上。

（3）根据国家税务总局公告 2012 年第 40 号的规定，企业以前年度发生尚未弥补的亏损的，凡企业由于搬迁停止生产经营无所得的，从搬迁年度次年起，至搬迁完成年度前一年度止，可作为停止生产经营活动年度，从法定亏损结转弥补年限中减除；企业边搬迁、边生产的，其亏损结转年度应连续计算。简单来讲，就是符合条件的搬迁企业，停止生产经营的年度可以从连续的自然年度中扣除。

三、企业商誉的税事

简单来讲，商誉就是企业的信誉。关于商誉，《企业会计准则第 20 号——企业合并》规定，在非同一控制下企业合并中，购买方在购买日合并成本大于确认的各项可辨认资产、负债公允价值净额的差额，应当确认为商誉。由此可见，商誉的确认应具备以下 3 个条件：

（1）在非同一控制下企业合并中产生的；

（2）其确认时间是合并日；

（3）商誉的值是购买日合并成本大于确认的各项可辨认资产、负债公允价值净额的差额。

上述会计准则的解释与规定对商誉这个看不着、摸不到的东西进行了量化。

两个非同一控制的企业合并时，企业的商誉就是高于企业实际价值的部分。例如，一个企业价值100万元，而实际卖了120万元，那么多出来的20万元就是企业的商誉。

企业的商誉分为两种，一种是企业自创的商誉，另一种是企业外购的商誉。

（1）企业自创的商誉，是指企业在生产经营过程中不断积累的声誉。由于无法准确计量，同时没有损耗，因此税法规定企业自创的商誉不得在企业所得税前扣除。

（2）企业外购的商誉，只有在合并的过程中才能被计量，因此税法规定，企业外购商誉的支出，在企业整体转让或者清算时准予扣除。换句话说，企业外购的商誉不能在企业所得税前摊销，只有在整体转让或者清算时才能扣除。例如，外购商誉的成本是1 000万元，日常运营时不得摊销该商誉，只能在整体转让或者清算时将1 000万元一次性计入成本。

四、不征税收入与免税收入的扣除规定

关于不征税收入和免税收入，无论是增值税还是企业所得税，都明确地进行了列举。单纯从结果来看，不征税收入和免税收入都是不交税，但由于其法律性质不同，因此导致的税收后果会有很大不同，尤其在企业所得税上表现得较为突出。

1. 不征税收入

《企业所得税法》列举了以下3项不征税收入。

（1）财政拨款，依法收取并纳入财政管理的行政事业性收费。

（2）政府性基金。

（3）国务院规定的其他不征税收入。《企业所得税法实施条例》对国务院规定的其他不征税收入做出了专门的解释，即"企业取得的，由国务院财政、税务主管部门规定专项用途并经国务院批准的财政性资金"。

2. 免税收入

《企业所得税法》列举了以下4项免税收入：

（1）国债利息收入；

（2）符合条件的居民企业之间的股息、红利等权益性投资收益；

（3）在中国境内设立机构、场所的非居民企业从居民企业取得与该机构、场所有实际联系的股息、红利等权益性投资收益；

（4）符合条件的非营利组织的收入。

从企业所得税法对不征税收入与免税收入所列举的项目来分析。不征税收入总是和政府有关系，或是政府财政给的，或是帮助政府收的，总之，它不是一种市场行为，也不是依靠盈利活动所带来的收入。而免税收入是对企业一些特定项目取得的收入进行免税，是一种税收优惠。

由此看来，不征税收入本身就不属于企业所得税的征税范围，而免税收入则属于企业所得税的征税范围，但是为达到特定的目的，免去了应该缴纳的税款。

虽然不征税收入和免税收入的结果都是不交税，但是在成本费用扣除上，两者却有很大的区别。不征税收入用于支出所形成的费用不能在企业所得税前扣除，并且所形成的资产，其计算的折旧、摊销也不能扣除；免税收入所对应的各项成本费用，除另有规定外，可以在企业所得税前扣除。

五、汇兑损益的企业所得税处理

在国际贸易中,企业需要用美元或其他外币与外国企业进行结算。由于汇率总是变动,今天高一点,明天低一点,如同股票一样涨涨跌跌,因此企业在兑换外币的过程中会存在收益或者损失,这就是所谓的汇兑损益。

例如,当日美元与人民币的比价是6.5∶1,企业用650万元人民币能换100万美元;若第二天美元涨了,人民币与美元的比价变成了7∶1,企业就要用700万元人民币才能换100万美元,而与前一天相比多花的50万元人民币就是汇兑损失。相反,若美元跌了,汇率变成6∶1,企业换100万美元就可以少花50万元人民币,这少花的50万元就是汇兑收益。

那么,企业用人民币兑换外币的收益或者损失,在企业所得税上应该怎么处理呢?

1. 汇兑收益

《企业所得税法实施条例》规定,企业的汇兑收益应当作为收入计征企业所得税。

2. 汇兑损失

《企业所得税法实施条例》规定,汇兑损失可以在企业所得税前扣除,但并不是所有的汇兑损失都可以扣除。在汇兑损失中,不能扣除的有两项:一是已计入有关资产成本的部分;二是与向所有者进行利润分配相关的部分。

六、小微企业查补税款能否享受税收优惠

> [案例16-2]

王某开办了一家棉纺织厂,规模不大,人员约200人,总资产约4 000万元。2019年,企业申报的应纳税所得额为30万元,符合享受国家关于小微企业所得税优惠政策的条件。2020年7月,税务稽查部门对王某的棉纺织厂进行了检查,并于检查后对该厂做出了调增应纳税所得额60万元的处理。

听到这个消息后,王某吓了一跳,他不确定调增的应纳税所得额是否能够按优惠税率补税,于是到税务机关进行了咨询。

税务机关明确告知王某调增的应纳税所得额可以享受税收优惠。

这个案例中,王某的棉纺织厂属于国家非限制和禁止行业,并且同时符合年度应纳税所得额不超过300万元(即使将查补的应纳税所得额加上也只有90万元)、从业人数不超过300人、资产总额不超过5 000万元的条件,又在税收优惠期内,因此符合享受小型微利企业所得税税收优惠的所有条件。同时,政策没有规定查补税款不能享受税收优惠,所以该棉纺织厂可以享受小微企业所得税税收优惠政策。

政策依据:《财政部 国家税务总局关于实施小微企业普惠性税收减免的通知》(财税〔2019〕13号)及《关于实施小微企业和个体工商户所得税优惠政策的公告》(财政部 税务总局公告2021年第12号)。

七、违规建筑已抵扣税额的处理

> [案例16-3]

甲公司把临街的墙推倒盖了一排门面房，准备出租，挣点租金。谁知刚刚盖好，还没来得及招租，就把城管执法人员招来了。因为没有办理相关手续，所以门面房被判定为违章建筑，要求限期拆除。如果到期不拆，城管将强制拆除，拆除的费用由甲公司承担。无奈之下，甲公司只好自己动手拆了刚盖好的门面房。

甲公司本以为把门面房拆了就没事了，谁知又被税务机关盯上了。税务机关要求甲公司将违规建筑已抵扣的进项税额做转出处理，包括设计服务及购进建筑材料等费用涉及的进项税额。这还没完，税务机关告诉甲公司，违规建筑的损失不允许在企业所得税前扣除。

按税法规定，对于非正常损失的不动产在建工程所耗用的购进货物、设计服务和建筑服务，其取得的进项税额不得抵扣。非正常损失是指因管理不善造成的货物被盗、丢失、霉烂变质损失，以及因违反法律法规造成的货物或者不动产被依法没收、销毁、拆除的损失。

甲公司门面房被依法拆除，属于非正常损失，因此其对应取得的进项税额没有抵扣的，不允许抵扣；已经抵扣的，应做转出处理。另外，根据税法规定，在计算应纳税所得额时，罚金、罚款和被没收财物的损失不得扣除。甲公司被拆除的门面房，其损失属于"罚金、罚款和被没收财物的损失"，因此不可以在企业所得税前扣除。

八、企业收到的财政资金的处理

企业收到的财政资金主要有两大类：一类是财政补贴、返还等资金，另一类是专项用途的资金。

对于财政补贴、返还等资金，要并入收入总额申报纳税。

对于专项用途的资金，按规定可以作为不征税收入处理，但要同时符合以下条件：

（1）企业能够提供规定资金专项用途的资金拨付文件；

（2）财政部门或其他拨付资金的政府部门对该资金有专门的资金管理办法或具体管理要求；

（3）企业对该资金以及以该资金发生的支出单独进行核算。

另外，上述不征税收入用于支出所形成的费用，不得在计算应纳税所得额时扣除；用于支出所形成的资产，其计算的折旧、摊销不得在计算应纳税所得额时扣除。

企业做不征税收入处理后，在五年（60个月）内未发生支出且未缴回财政部门或其他拨付资金的政府部门的部分，应计入取得该资金第六年的应税收入总额；计入应税收入总额的财政性资金发生的支出，允许在计算应纳税所得额时扣除。

九、境外研发费用的处理

▶ [案例16-4]

王某的公司响应政府建设创新型城市的号召，要研发一种新材料，但公司的研发团队完成不了这样的任务，于是委托了一家境外机构帮助研发。2020年初，双方签订了委托研发合同，每年研发费用100万元。对于这100万元能不能税前扣除，王某心里没底，于是向财务顾问进行了咨询。

财务顾问了解到王某的公司一年的研发费用大概有1 000万元后表示，如果该公司一年的研发费用真的有1 000万元，那么这100万元的境外研发费用可以税前扣除80万元。

根据《关于企业委托境外研究开发费用税前加计扣除有关政策问题的通知》（财税〔2018〕64号），委托境外进行研发活动所发生的费用，按照费用实际发生额的80%计入委托方的委托境外研发费用。委托境外研发费用不超过境内符合条件的研发费用三分之二的部分，可以按规定在企业所得税前加计扣除。

因此，王某的公司的境外研发费用按规定可以税前扣除80万元，并且这80万元未超过1 000万元的三分之二，所以可以加计扣除。

十、总分机构企业所得税的缴纳

经常有人问我总分机构应如何缴纳企业所得税？其实，税法的规定很明确，在总分机构的税收管理上，"统一计算、分级管理、就地预缴、汇总清算、财政调库"是基本原则。

第一，总分机构是指在中国境内跨省、自治区、直辖市设立具有生产经营职能分支机构的企业，其分支机构应就地预缴企业所得税。

第二，总机构及其分支机构均在同一省、自治区、直辖市的，分支机构暂不就地预缴企业所得税，由总机构统一计算，汇总缴纳。

第三，以下二级分支机构不就地分摊缴纳企业所得税：

（1）不具有主体生产经营职能，且在当地不缴纳增值税的产品售后服务、内部研发、仓储等汇总纳税企业内部辅助性的二级分支机构；

（2）上年度认定为小型微利企业的二级分支机构；

（3）新设立的二级分支机构，设立当年不就地分摊缴纳企业所得税；

（4）当年撤销的二级分支机构，自办理注销税务登记之日所属企业所得税预缴期间起，不就地分摊缴纳企业所得税；

（5）汇总纳税企业在中国境外设立的不具有法人资格的二级分支机构。

第四，总机构设立的具有独立生产经营职能的部门，如果该部门的经营收入、职工工资和资产总额与其他一般管理职能部门分开核算，可将具有独立生产经营职能的部门视同一个分支机构，就地预缴企业所得税。

十一、外聘研发人员劳务报酬的处理

> [案例16-5]

A公司要在核心技术上搞创新，但苦于专业技术人员不够，于是公司决定向外高薪聘请专业人才。

招聘广告发布后，有不少人来应聘，其中有个高素质人才李某，其所掌握的技术是A公司研发项目非常需要的，于是公司决定聘用李某，但是李某还有其他工作要做，所以只承诺兼职参与研发。

尽管如此，A公司还是决定聘用李某作为外聘人员参与研发活动。在给李某支付了高额的劳务报酬后，会计人员犯难了，不知能否在研发费用中加计扣除？

根据国家税务总局公告 2017 年第 40 号的规定，可以税前加计扣除的人员人工费用包括直接从事研发活动人员的工资薪金、基本养老保险费、基本医疗保险费、失业保险费、工伤保险费、生育保险费和住房公积金，以及外聘研发人员的劳务费用。

其中，外聘研发人员是指与本企业或劳务派遣企业签订劳务用工协议（合同）和临时聘用的研究人员、技术人员、辅助人员。

文件未规定外聘研发人员必须是专职人员，因此兼职人员可以享受研发费用加计扣除优惠政策。换句话说，A 公司向李某支付的劳务报酬可以作为研发费用加计扣除。

十二、境外亏损，境内赚了，能抵税吗

跨国公司在国内、国外都有收入，不管是赚了还是赔了，都是企业的钱。虽然如此，但亲兄弟也要明算账，因为税法不允许混为一谈。

众所周知，企业所得税是法人所得税，分公司的盈亏，每年在汇算清缴时要统一由总公司汇总缴纳，如此一来，分公司之间，分公司与总公司之间，盈亏可以互抵，用相互抵销后的数字计算缴纳企业所得税，这对企业来说显然是有利的。但这仅限于总公司的国内分支机构，对国外分支机构没有这样的"好事"。《企业所得税法》规定，企业在汇总计算缴纳企业所得税时，其境外营业机构的亏损不得抵减境内营业机构的盈利。

税法之所以这样规定，原因很简单，从目前我国税务机关的征管情况来看，要对各企业国外分支机构的盈亏做出准确的核算是有难度的，这种情形下，如果允许境外亏损抵减境内盈利，那么企业很大程度上会通过增加境外机构的亏损来抵减境内盈利，达到少交或不交税款的目的，而税务机关对此也难以准确核查。

这里要注意一点，虽然税法不允许纳税人以境外亏损抵减境内盈利，但却允许纳税人选择用境外盈利抵减弥补境内亏损。

十三、房屋租赁中税会差异的税收风险

房屋租赁是企业经常发生的一种经济行为，在房屋租赁过程中，如果不关注税会差异，会给企业带来税收风险。

▶ [案例16-6]

甲公司2020年11月签订了一份租房合同。合同约定，租期为2021年1月至2021年12月，租金为10万元，合同签订时租金一次性付清。按《企业会计准则》的规定，这笔收入应在2021年确认，但税法上的规定与《企业会计准则》的规定有差异。按税法的规定，这10万元的收入应在合同签订的2020年确认收入并缴纳税款。

根据《企业所得税法实施条例》第十九条的规定，企业提供固定资产、包装物或者其他有形资产的使用权取得的租金收入，应按照合同约定的承租人应付租金的日期确认收入的实现。同时，税法也规定当税法与会计规定不一致时，以税法的规定为准。所以，甲公司应在2020年企业所得税汇算清缴时做纳税调增处理，调增额为10万元。若没有调增，则会给甲公司造成少交税款的风险。

十四、企业撤资后股权的处理

企业在撤出投资时,可以有很多选择,既可以直接转让股权,也可以先分配未分利润再转让股权,转让方式不同,缴纳的税款自然也不同。

▶ [案例16-7]

甲公司与乙公司各投资100万元组建丙公司,股权各占50%。两年后,甲公司因资金困难,决定终止对丙公司的投资。此时,丙公司资产500万元,负债100万元,所有者权益450万元(实收资本200万元、盈余公积100万元、未分配利润150万元),股权转让时的价格为200万元。

这种情况下,如果甲公司直接转让股权,即把自己手中丙公司的股权转让出去,那么甲公司要缴纳企业所得税25〔(200-100)×25%〕万元。

如果先分配利润再转让股权,即将丙公司的未分配利润先进行分配,再转让股权,那么甲公司可从丙公司分得利润75(150×50%)万元。

股权转让收入 =200-100-75=25(万元)

应交企业所得税 =25×25%=6.25(万元)

因此,先分后转比直接转让少交企业所得税18.75(25-6.25)万元。

十五、租房的装修费能否一次性税前扣除

▶ [案例16-8]

为了改善办公条件,甲公司租了一栋二层小楼作为办公用房,

并对办公楼进行了装修,花了不少钱。公司会计人员将装修费一次性在企业所得税前扣除了。税务人员在检查时认为将装修费在企业所得税前一次性扣除的做法是错误的,应该作为长期待摊费用按合同约定的租房期限分期摊销。

甲公司的会计人员认为,将装修费作为长期待摊费用没有法律依据,理由是按《企业所得税法》及实施条例的规定,若将租入固定资产的装修费作为长期待摊费用,只能是以下3种情况。

(1)将装修费计入租入固定资产的改建支出,作为长期待摊费用在租赁期内逐年扣除,但改建支出要满足以下条件:改变了房屋的结构,或延长了房屋的使用寿命。而该公司对小楼的装修既没有改变房屋的结构,也没有延长房屋的使用寿命,所以不符合租入固定资产改建支出的规定。

(2)将装修费计入大修理费用。大修理费用应该是对本公司固定资产大修理所支出的费用,若是对租入的固定资产进行大修理,法律法规应该会表述清楚,就如同"租入固定资产的改建"一样。另外,即使大修理的费用可以用于租入的固定资产,也必须满足以下条件:修理支出占取得固定资产时计税基础的50%以上,或修理后固定资产的使用年限延长2年以上。而该公司对办公楼支出的装修费不满足上述条件,因此不应计入大修理费用。

(3)其他应作为长期待摊费用的支出。《企业所得税法》对此没有做出具体规定。既然法律没有明确的规定,就不能将装修办公楼的装修费计入长期待摊费用。

这个案例中,该公司的会计人员对装修费是否可以一次性税前扣除的理解有误,其做法是错误的。

长期待摊费用是指企业已经支出,但摊销期限在1年以上(不含1年)

的各项费用。长期待摊费用包括租入固定资产的改良支出，而对固定资产改良支出的解释，《企业会计制度》采取了列举法的方式，"使企业经营环境或条件改善"就是其中之一。

因此，该公司租入办公楼的装修费应作为长期待摊费用处理。既然是长期待摊费用，就不能在企业所得税前一次性扣除，而应该在租赁期内分期扣除。

第四部分

个人所得税范畴

随着经济的发展，个人的收入水平也水涨船高，虽然个人所得税的免征额不断上调，但需要缴纳个人所得税的人还是很多。2018年的个税改革将过去的分类征收改为综合与分类相结合的征收模式，同时将免征额提高到每年6万元，又增加了6项专项附加扣除，使个人所得税的征收更趋公平合理。然而，新的规定在税收征收管理的实践中，必然会带来新的问题，因此归纳、梳理并解读相关政策规定，以降低每个纳税人的纳税风险，也就非常有必要了。

第十七章　个人所得税法律法规解析

个人所得税与很多人的切身利益息息相关，自 20 世纪 80 年代有了个人所得税以来，关于个人所得税的规定纷繁复杂，如何找到适合自己的，准确地加以运用，从而降低税收风险，对个人和企业都至关重要。

一、境内所得

《个人所得税法》规定，居民纳税人、非居民纳税人就中国境内取得的所得缴纳个人所得税。那么对于境内所得，个人所得税法律法规是如何界定的呢？《个人所得税法实施条例》规定，除国务院财政、税务主管部门另有规定外，下列所得，不论支付地点是否在中国境内，均为来源于中国境内所得：

（1）因任职、受雇、履约等在中国境内提供劳务取得的所得；

（2）将财产出租给承租人在中国境内使用而取得的所得；

（3）许可各种特许权在中国境内使用而取得的所得；

（4）转让中国境内的不动产等财产或者在中国境内转让其他财产取得的所得；

（5）从中国境内企业、事业单位、其他组织以及居民个人处取得的利息、股息、红利所得。

二、个人所得税的纳税人

个人所得税的纳税人分为居民纳税人和非居民纳税人。

1. 居民纳税人

所谓居民纳税人,是指在中国境内有住所,或者无住所而一个纳税年度内在中国境内居住累计满183天的个人。居民个人从中国境内和境外取得的所得,依照《个人所得税法》缴纳个人所得税。

从以上定义来看,符合以下两个条件之一的个人,应当被认定为"居民"纳税人。

(1)在中国境内"有住所的个人"。税法及相关规定对"有住所的个人"的解释是,因户籍、家庭、经济利益关系而在中国境内习惯性居住的个人。

(2)在中国境内无住所但纳税年度内在中国境内居住累计满183天。

2. 非居民纳税人

所谓非居民纳税人,是指在中国境内无住所又不居住,或者无住所而一个纳税年度内在中国境内居住累计不满183天的个人。非居民个人从中国境内取得的所得,依照《个人所得税法》缴纳个人所得税。

从以上定义来看,同时符合以下两个条件的个人应当被认定为非居民纳税人:

(1)在中国境内无住所;

(2)一个纳税年度内在中国境内居住累计不满183天。

非居民纳税人仅就来源于中国境内的所得纳税。

三、征税范围与计税方式

个人所得税主要是针对居民纳税人和非居民纳税人的个人所得征税，个人所得的形式包括现金、实物、有价证券及其他形式的经济利益。所得为实物的，应当按照取得的凭证上所注明的价格计算应纳税所得额，无凭证的实物或者凭证上所注明的价格明显偏低的，参照市场价格核定应纳税所得额；所得为有价证券的，根据票面价格和市场价格核定应纳税所得额；所得为其他形式的经济利益的，参照市场价格核定应纳税所得额。

1. 征税范围

《个人所得税法》规定，下列9项个人所得，应当缴纳个人所得税：

（1）工资、薪金所得；

（2）劳务报酬所得；

（3）稿酬所得；

（4）特许权使用费所得；

（5）经营所得；

（6）利息、股息、红利所得；

（7）财产租赁所得；

（8）财产转让所得；

（9）偶然所得。

2. 计税方式

个人所得税采用综合与分类相结合的计税方式，对工资、薪金所得，劳务报酬所得，稿酬所得和特许权使用费所得综合计征，对经营所得，利息、股息、红利所得,财产租赁所得,财产转让所得及偶然所得分类计征。

综合计征的优点在于有利于实现公平,但是对税收管理的水平要求比较高;分类计征的优点在于征收简便、税源易控,但由于各个项目的税率不一样,如稿酬所得的税率为20%,劳务报酬所得的最高税率是40%,工资、薪金所得的最高税率是45%,因此对从事不同职业的人来说,不能充分体现公平原则。而将综合计税与分类计税相结合,既能体现公平,又可以做到征收便利。

四、起征点和免征额

起征点和免征额是两个容易被大家混淆的概念,起征点是征税对象达到一定数额开始征税的起点,免征额是在征税对象的全部数额中免予征税的数额。

对纳税人来说,在其收入没有达到起征点或没有超过免征额的情况下,都不征税。但是,这两者又有明显区别。

第一,当纳税人的收入达到或超过起征点时,就其收入全额征税;而当纳税人的收入超过免征额时,则只就超过的部分征税。

第二,当纳税人的收入恰好达到起征点时,就其收入全额征税;而当纳税人的收入恰好与免征额相同时,则免予征税。

根据规定,居民个人的综合所得,免征额为5 000元(每年60 000元)。

五、减免征收的规定

1. 减征个人所得税

《个人所得税法》规定,有下列情形之一的,可以减征个人所得税,具体幅度和期限,由省、自治区、直辖市人民政府规定,并报同级人民代表大会常务委员会备案:

(1)残疾、孤老人员和烈属的所得;

(2)因自然灾害遭受重大损失。

国务院可以规定其他减税情形,报全国人民代表大会常务委员会备案。

2. 免征个人所得税

下列各项个人所得,免征个人所得税:

(1)省级人民政府、国务院部委和中国人民解放军军以上单位,以及外国组织、国际组织颁发的科学、教育、技术、文化、卫生、体育、环境保护等方面的奖金;

(2)国债和国家发行的金融债券利息;

(3)按照国家统一规定发给的补贴、津贴;

(4)福利费、抚恤金、救济金;

(5)保险赔款;

(6)军人的转业费、复员费、退役金;

(7)按照国家统一规定发给干部与职工的安家费、退职费、基本养老金或者退休费、离休费、离休生活补助费;

(8)依照有关法律规定应予免税的各国驻华使馆与领事馆的外交代表、领事官员和其他人员的所得;

(9)中国政府参加的国际公约、签订的协议中规定免税的所得;

(10)国务院规定的其他免税所得。

六、税率

2018年第七次修正的《个人所得税法》中综合所得适用的税率与此前工资、薪金所得的税率一致,均是3%~45%的超额累进税率,但是拓宽了3%、10%、20%三档低税率的级距,缩小了25%税率的级距,30%、35%、45%三档较高税率级距不变。这也体现出税制改革减轻中低收入者的税负,调节贫富差距,实现社会公平的主导思想。

1. 综合所得

综合所得适用3%~45%的超额累进税率,具体如表17-1所示。

表17-1 综合所得适用的个人所得税税率

级数	全年应纳税所得额	税率
1	不超过36 000元的	3%
2	超过36 000元至144 000元的部分	10%
3	超过144 000元至300 000元的部分	20%
4	超过300 000元至420 000元的部分	25%
5	超过420 000元至660 000元的部分	30%
6	超过660 000元至960 000元的部分	35%
7	超过960 000元的部分	45%

表17-1中的全年应纳税所得额是指居民个人取得综合所得,以每一纳税年度收入额减除费用6万元以及专项扣除、专项附加扣除和依法确定的其他

扣除后的余额；非居民个人取得工资、薪金所得，劳务报酬所得，稿酬所得和特许权使用费所得，依照本表按月换算后计算应纳税额。

2.经营所得

经营所得适用5%~35%的超额累进税率，具体如表17-2所示。

表17-2 经营所得适用的个人所得税税率

级数	全年应纳税所得额	税率
1	不超过30 000元的	5%
2	超过30 000元至90 000元的部分	10%
3	超过90 000元至300 000元的部分	20%
4	超过300 000元至500 000元的部分	30%
5	超过500 000元的部分	35%

表17-2中的全年应纳税所得额是指以每一纳税年度的收入总额减除成本、费用以及损失后的余额。

3.利息、股息、红利所得，财产租赁所得，财产转让所得和偶然所得

利息、股息、红利所得，财产租赁所得，财产转让所得和偶然所得适用比例税率，税率为20%。

七、纳税调整

《个人所得税法》规定，涉及下列情形之一的，税务机关有权按照合理

的方法进行纳税调整：

（1）个人与其关联方之间的业务往来不符合独立交易原则而减少本人或者其关联方应纳税额，且无正当理由的；

（2）居民个人控制的，或者居民个人和居民企业共同控制的设立在实际税负明显偏低的国家（地区）的企业，无合理经营需要，对应当归属于居民个人的利润不作分配或者减少分配的；

（3）个人实施其他不具有合理商业目的的安排而获取不当税收利益的。

税务机关依照以上规定做出纳税调整，需要补征税款的，应当补征税款，并依法加收利息。

八、"代扣代缴"与"预扣预缴"

很多人都对"代扣代缴"与"预扣预缴"这两个概念分不清楚，甚至将两者混为一谈，认为"代扣代缴"与"预扣预缴"就是一回事，没什么本质区别。那么，这两者究竟是不是一回事呢？

从时间上看，《个人所得税法》对"代扣代缴"早有规定，而"预扣预缴"是2018年第七次修正后的《个人所得税法》才有的规定。

从对象上看，"预扣预缴"只针对居民纳税人的综合所得，也就是"预扣预缴"的征税对象首先是居民纳税人，其次是综合所得。

按现行《个人所得税法》的规定，居民个人取得综合所得按年计算应纳税额，而扣缴义务人要按月或按次扣缴，由此导致应纳税额缴纳时间与扣缴义务人扣缴的时间不一致，扣缴时间纳税义务尚未发生，税款是预缴的，所以扣缴自然就是"预扣预缴"了。

"代扣代缴"的对象是居民纳税人与非居民纳税人，而对居民纳税人在取得除综合所得与经营所得以外的其他所得，由扣缴义务人按月或按次代扣代缴税款。

从不履行"代扣代缴"与"预扣预缴"义务时的处罚来看，税务机关可依据《税收征管法》对不履行代扣代缴义务的单位进行处罚，而对不履行预扣预缴义务的单位，《税收征管法》及其他法律法规没有明确的处罚规定。

第十八章 专项附加扣除

《个人所得税法》规定,纳税人计算个人所得税应纳税所得额时,在按年综合所得扣除 60 000 元基本减除费用和"三险一金"等专项扣除的基础上,还可以享受子女教育、继续教育、大病医疗、住房贷款利息(或住房租金)、赡养老人六项专项附加扣除。

一、子女教育专项附加扣除

子女教育专项附加扣除的扣除主体是子女的法定监护人,包括生父母、继父母、养父母,以及父母之外的其他人担任未成年人的监护人。每个子女按照每年 12 000 元(每月 1 000 元)的标准定额扣除。

1. 子女的范围

子女包括婚生子女、非婚生子女、养子女、继子女,未成年但受到本人监护的非子女。

2. 子女教育的扣除标准

子女教育专项附加扣除在父母之间分配,父母可以选择由其中一方按扣除标准的 100% 扣除,即一人每月扣除 1 000 元;也可以选择由双方分别按扣除标准的 50% 扣除,即一人每月扣除 500 元。

3. 其他相关规定

子女教育的扣除分配选定后,在一个纳税年度内不能变更。子女在民办学校、境外学校接受教育均可以扣除。对于纳税人享受子女教育专项附加扣除需要留存的资料,相关规定如下:

(1)纳税人子女在境内接受教育的,享受子女教育专项附加扣除不需要留存任何资料;

(2)纳税人子女在境外接受教育的,纳税人应当留存境外学校录取通知书、留学签证等相关教育的证明资料备查。

二、继续教育专项附加扣除

继续教育专项附加扣除的扣除范围包括纳税人在中国境内接受学历(学位)继续教育的支出;纳税人接受技能人员职业资格继续教育、专业技术人员职业资格继续教育的支出。

1. 扣除标准

(1)纳税人在中国境内接受学历(学位)继续教育的支出,在学历(学位)教育期间按照每月 400 元定额扣除。

（2）纳税人接受技能人员职业资格继续教育、专业技术人员职业资格继续教育支出，在取得相关证书的当年，按照3 600元定额扣除。

2. 继续教育专项附加扣除的扣除主体

（1）大学本科及以下的学历（学位）继续教育可以由接受教育的本人扣除，也可以由其父母按照子女教育扣除，但对于同一教育事项，不得重复扣除。

（2）技能人员职业资格继续教育、专业技术人员职业资格继续教育支出，由接受教育的纳税人本人扣除。

3. 扣除方式

（1）对学历（学位）继续教育，采取凭学籍信息定额扣除方式。纳税人向扣缴义务人提供姓名、纳税识别号、学籍、考籍等信息，由扣缴义务人在预扣预缴环节扣除，也可以在年终向税务机关提供资料，通过汇算清缴享受扣除。

（2）根据规定，对技能人员职业资格和专业技术人员职业资格继续教育，采取凭证书信息定额扣除方式。纳税人在取得证书后向扣缴义务人提供姓名、纳税识别号、证书编号等信息，由扣缴义务人在预扣预缴环节扣除。也可以在年终向税务机关提供资料，通过汇算清缴享受扣除。

4. 学历（学位）继续教育支出的扣除期限

学历（学位）继续教育支出的扣除期限为在中国境内接受学历（学位）继续教育入学的当月至学历（学位）继续教育结束的当月，但同一学历（学位）继续教育的扣除期限不得超过48个月。48个月包括纳税人因病、因故等原因休学且学籍继续保留的休学期间，以及施教机构按规定组织实施的寒暑假期。

5. 需要保存的资料

纳税人接受学历（学位）继续教育，不需要保存相关资料。纳税人接受技能人员职业资格继续教育、专业技术人员职业资格继续教育的，应当留存相关证书等资料备查。

6. 没有证书的兴趣培训费用能否扣除

继续教育专项附加扣除的范围限定在学历（学位）继续教育、技能人员职业资格继续教育和专业技术人员职业资格继续教育的支出，除此之外的花艺、篮球、绘画等兴趣爱好培训的支出不在扣除范围之内。

纳税人终止继续教育，应将相关变化信息告知扣缴义务人或向税务机关报告。

三、大病医疗专项附加扣除

大病医疗专项附加扣除的项目为每年1月1日至12月31日，医保目录范围内的医药费用支出扣除医保报销后的个人自付部分。医保目录范围外的药费支出不做考虑。

1. 扣除标准

大病医疗专项附加扣除的标准为累计超过 15 000 元，并且不超过 80 000 元的部分。

2. 大病医疗专项附加扣除的时间

大病医疗专项附加在次年 3 月 1 日至 6 月 30 日汇算清缴时扣除。

3. 纳税人及其配偶、未成年子女大病医疗支出的扣除规定

纳税人及其配偶、未成年子女发生的医药费用支出，按规定分别计算扣除额。

（1）纳税人发生的医药费用支出可以选择由本人或其配偶一方扣除。

（2）未成年子女发生的医药费用支出可以选择由其父母任意一方扣除。

4. 父母大病医疗支出的扣除

目前，尚未将父母的大病医疗纳入专项附加扣除范围。换句话说，父母生病的医疗费用支出，子女不能在税前扣除。

5. 应保存的资料

纳税人需要留存医疗服务收费相关票据的复印件备查。

四、住房租金专项附加扣除

纳税人在主要工作城市没有自有住房而发生的住房租金支出，可以按照规定扣除。主要工作城市是指纳税人任职受雇的直辖市、计划单列市、副省级城市、地级市（地区、州、盟）全部行政区域范围。

1. 住房租金的扣除金额

住房租金支出按照以下标准定额扣除：

（1）直辖市、省会城市、计划单列市以及国务院确定的其他城市，扣除标准为每月1 500元；

（2）除第一项所列城市以外，市辖区户籍人口超过100万的城市，扣除标准为每月1 100元；

（3）市辖区户籍人口不超过100万（含）的城市，扣除标准为每月800元。

纳税人的配偶在纳税人的主要工作城市有自有住房的，视同纳税人在主要工作城市有自有住房。市辖区户籍人口以国家统计局公布的数据为准。

2. 扣除主体

住房租金支出由签订租赁住房合同的承租人扣除。夫妻双方主要工作城市相同的，只能由一方（即承租人）扣除住房租金支出。夫妻双方主要工作城市不相同的，且各自在其主要工作城市都没有住房的，可以分别扣除住房租金支出。

3. "二选一"

住房贷款利息和住房租金扣除不可以同时享受，只能二选一。如果对住房贷款利息进行了抵扣，就不能再对住房租金进行抵扣，反之亦然。

4. 纳税人首次享受住房租金扣除的时间

纳税人首次享受住房租金扣除的起始时间为租赁合同约定起租的当月，截止时间是租赁合同约定结束的当月，或者是纳税人在主要工作城市已有住房。

5. 应留存的资料

纳税人应当留存住房租赁合同、协议等有关资料备查。

五、住房贷款利息专项附加扣除

住房贷款利息专项附加扣除的范围包括纳税人本人或其配偶，单独或共同使用商业银行或住房公积金个人住房贷款，为本人或其配偶购买中国境内住房，以及发生的首套住房贷款利息支出。所谓首套住房贷款，是指购买住房享受首套住房贷款利率的住房贷款。

1. 扣除标准

在实际发生贷款利息的年度，按照每月 1 000 元的标准定额扣除，扣除期限最长不超过 240 个月；纳税人只能享受一次首套住房贷款的利息扣除。在实际操作中，可以按照纳税人用贷款购买首套住房的情形来掌握，即纳税人使用贷款购买首套住房的利息支出可以扣除。

2. 扣除主体

（1）经夫妻双方约定，可以选择由其中一方扣除，具体扣除方式在一个纳税年度内不能变更。

（2）夫妻双方婚前分别购买住房发生的首套住房贷款，其贷款利息支出，婚后可以选择其中一套购买的住房，由购买方按扣除标准的 100% 扣除，也可以由夫妻双方对各自购买的住房分别按扣除标准的 50% 扣除，具体扣除方式在一个纳税年度内不能变更。

3. 扣除方式

住房贷款利息专项附加扣除采取定额扣除方式。

4. 时间范围

（1）纳税人的住房贷款利息扣除期限最长不能超过 240 个月，240 个月后不能享受专项附加扣除。

（2）2019 年之后还处在还款期的，只要符合条件，都可以扣除。

六、赡养老人专项附加扣除

赡养老人专项附加扣除的范围包括纳税人赡养年满 60 岁的父母，以及年满 60 岁子女均已去世的祖父母、外祖父母。

1. 扣除标准

（1）纳税人为独生子女的，按照每月 2 000 元的标准定额扣除。

（2）纳税人为非独生子女的，应当与其兄弟姐妹分摊每月 2 000 元的扣除额度。

（3）赡养老人专项附加扣除的分摊方式包括由赡养人均摊、约定分摊、由被赡养人指定分摊。采取约定分摊或者被赡养人指定分摊方式的，每一纳税人分摊的扣除额最高不得超过每月 1 000 元，并须签订书面分摊协议。约定分摊与被赡养人指定分摊不一致的，以被赡养人指定分摊为准。

2. 扣除主体

（1）负有赡养义务的所有子女，包括婚生子女、非婚生子女、养子女、继子女。

（2）祖父母、外祖父母的子女均已经去世，负有赡养义务的孙子女、外孙子女。

3. 其他相关规定

（1）纳税人父母年龄均超过 60 周岁（含），在享受赡养老人专项附加扣除政策时，不能按照两倍标准扣除。《个人所得税专项附加扣除暂行办法》规定，只要父母其中一位达到 60 周岁就可以享受扣除，不按照老人人数计算。

（2）父母仅指纳税人的生父母、继父母及养父母。

七、税收优惠政策与专项附加扣除"二选一"

▶ [案例18-1]

刘某是独生子，也是一名美籍华人。他的母亲已经去世，为照顾 60 岁的父亲和 3 岁的儿子，其选择在国内工作，并租了一套房居住。后来，他听人说自己需要进行个人所得税汇算清缴，因为其已在国内居住满 183 天，属于中国的居民纳税人。个人所得税汇算清缴涉及专项附加扣除，对此他不知该如何处理。

按照税收政策的规定，刘某可以选择享受个人所得税的专项附加扣除。刘某的儿子已年满 3 周岁，每月可以抵扣 1 000 元；父亲已年满 60 周岁，每月可以抵扣2 000元；刘某没有购房，而是租了一套房子，每月可以抵扣1 500元。

当然，刘某也可以选择享受相关的税收优惠。例如，依据《国家税务总局关于外籍个人取得有关补贴征免个人所得税执行问题的通知》，外籍个人以非现金形式或实报实销形式取得的住房补贴、伙食补贴、搬迁费、洗衣费，按合理标准取得的境内、外出差补贴，取得的探亲费、语言训练费、子女教育费等，经当地税务机关审核批准为合理的部分，免征个人所得税，但必须提供有效的凭证。

以上两种方式，刘某可以择一使用，但一经选择，一年之内不得变更。

第十九章　个人所得税的汇算清缴

现行《个人所得税法》实施以前，个人所得税执行分类征收，不存在个人所得税汇算清缴问题。2018年第七次修正的《个人所得税法》为了充分发挥税收调节收入分配的作用，实施分类与综合相结合的税收征收方式，将工资、薪金所得，劳务报酬所得，特许权使用费所得及稿酬所得四项收入归为综合所得。

一、为什么要汇算清缴

综合所得是按年计征，也就是说一年算一次账，征一次税。具体的操作是先由付款方按月或按次预扣预缴税款，年度终了汇算清缴，多退少补。

大家都知道，企业所得税采取的是季度预缴、年度汇算清缴的方式。个人所得税的汇算清缴方式虽然与企业所得税的汇算清缴方式不一样，但目的都是一样的，就是在预缴税款的基础上重新算账，然后把多交的税款退出去、少交的税款补进来。

个人所得税的汇算清缴是指纳税人先将全年的四项综合所得收入和可以扣除的费用进行汇总，算出收入额；再用收入额减去各项费用与扣除金额后，对照3%~45%的综合所得年度税率表，计算全年应纳个人所得税；然后减去年度内已经预扣预缴的税款,向税务机关办理年度纳税申报,并结清应退或应补税款。

二、谁需要办理汇算清缴

这里要注意,并不是所有的个人所得税的纳税人都需要办理汇算清缴,为保证汇算清缴的效率,国家只要求部分符合条件的纳税人进行汇算清缴。即使对符合条件的纳税人,也有一些豁免政策。

个人所得税将纳税人分为居民纳税人和非居民纳税人,那么我们在分析需要办理汇算清缴的条件时,也应从纳税人的分类入手。

1. 非居民纳税人不需要办理汇算清缴

非居民纳税人取得工资、薪金所得,劳务报酬所得,稿酬所得和特许权使用费所得,有扣缴义务人的,由扣缴义务人按月或者按次代扣代缴税款,不办理汇算清缴。

2. 符合条件的居民纳税人需要办理汇算清缴

符合以下条件的居民纳税人需要办理个人所得税汇算清缴:

(1)从两处以上取得综合所得,且综合所得年收入额减除专项扣除的余额超过6万元;

(2)取得劳务报酬所得、稿酬所得、特许权使用费所得中任意一项或者多项所得,且综合所得年收入额减除专项扣除的余额超过6万元;

(3)纳税年度内预缴税额低于应纳税额;

(4)纳税人申请退税。

3. 居民纳税人不需要办理汇算清缴的情形

居民纳税人不需要办理汇算清缴的情形如下。

（1）预缴税款与汇算清缴一致的：纳税人若只有工资、薪金收入，没有其他收入，其预扣预缴税款的数额与汇算清缴的数额一致，则无须汇算清缴。

（2）不需要退税的：按照《个人所得税法》的规定，需要退税的纳税人要汇算清缴，不需要退税的纳税人则不需要汇算清缴。

（3）收入小于等于12万元需要补税的：只要收入小于等于12万元，无论补税的数额是多少，都不需要汇算清缴。

（4）补税小于等于400元的：无论收入有多少，只要补税数额小于等于400元，都不需要汇算清缴。

（5）一个纳税年度内没有取得综合所得，即使有股息红利、偶然所得等，也不需要汇算清缴。

三、汇算清缴的计算公式

虽然《个人所得税法》规定的征税内容有九种，但并不是对每项收入都要求汇算清缴。汇算清缴仅针对纳税人的综合所得，即工资、薪金，劳务报酬，稿酬及特许权使用费四项所得的收入额。汇算清缴的综合所得，其取得时间为当年1月1日至12月31日，即仅对当年取得的综合所得进行汇算清缴。年度汇算清缴仅计算并结清年度综合所得的应退或应补税款，不涉及以前或以后年度，也不涉及财产租赁等分类所得，以及纳税人按规定选择不并入综合所得计算纳税的全年一次性奖金等所得。具体计算公式如下：

年度汇算应退或应补税额＝［（综合所得收入额 -60 000 元 - "三险一金"的专项扣除 -

专项附加扣除－依法确定的其他扣除－捐赠）× 适用税率－速算扣除数］－年已预缴税额

上述公式中需要进一步说明的内容如下。

（1）综合所得收入额＝工资、薪金收入额＋劳务报酬收入额＋稿酬收入额＋特许权使用费收入额。各项收入额的计算公式为：

工资、薪金收入额＝全部收入－免税收入

劳务报酬收入额＝劳务报酬收入 ×（1-20%）

稿酬收入额＝稿酬收入 ×（1-20%）× 70%

特许权使用费收入额＝特许权使用费收入 ×（1-20%）

（2）"三险一金"的专项扣除＝养老保险＋医疗保险＋失业保险＋住房公积金。

（3）专项附加扣除＝子女教育＋继续教育＋大病医疗＋住房贷款利息或住房租金＋赡养老人。专项附加扣除应按《个人所得税法》规定的限额扣除。

（4）依法确定的其他扣除，包括个人缴付符合国家规定的企业年金、职业年金，个人购买符合国家规定的商业健康保险、税收递延型商业养老保险的支出等。

（5）捐赠，即个人将其所得对教育事业和其他公益事业捐赠的部分，按照国务院有关规定从应纳税所得额中扣除。

不并入综合所得的其他支出

纳税人的收入有很多，除了《个人所得税法》规定的股息红利、财产租赁、转让所得等不并入综合所得，还有一些收入也可以不并入综合所得。具体有以下几种：

（1）符合条件的全年一次性奖金、中央企业负责人年度绩效薪金延期兑现收入和任期奖励；

（2）符合条件的上市公司股权激励；

（3）符合条件的个人领取的企业年金、职业年金；

（4）符合条件的解除劳动关系、提前退休、内部退养的一次性补偿收入；

（5）符合条件的单位按低于购置或建造成本价格出售住房给职工，职工因此而少支出的差价部分。

四、收入与收入额

每当我们提到所得税，无论是企业所得税，还是个人所得税，都离不开收入。道理很简单，就所得税本身而言，有收入才会有所得，没有收入就不会有所得，没有所得也就不会有所得税了。

在个人所得税层面，除了收入，还有一个收入额的概念。收入与收入额是两个不同的概念，这一点大家必须弄清楚，否则将无法进行个人所得税的汇算清缴。

1. 什么是收入

收入是指我们通常所说的"毛收入"，是计算个人所得税的起点。《关于个人所得税综合所得汇算清缴涉及有关政策问题的公告》（财政部 税务总局公告2019年第94号）规定的"全年收入不超过12万元"的"收入"，就是指"毛收入"，而不是收入额。例如，张某给别人提供劳务，取得劳务报酬10 000元，这10 000元就是收入。

2. 什么是收入额

收入额是指在计算个人所得税时，按规定扣减一定费用后的金额。按照规定，劳务报酬所得、稿酬所得、特许权使用费所得以收入减去 20% 的费用后的余额为收入额，稿酬所得的收入额减按 70% 计算。

以上面提到的张某为例，张某取得劳务报酬收入 10 000 元，其收入额 = 10 000×（1-20%）=8 000（元）。

五、办理汇算清缴的方式与渠道

按照规定，纳税人办理个人所得税汇算清缴的时间为 3 月 1 日至 6 月 30 日。其中，在中国境内无住所的纳税人如果在当年 3 月 1 日前离境，可以在离境前办理年度汇算清缴。

1. 办理汇算清缴的方式

办理个人所得税汇算清缴的方式有自己办、单位办、请人办三种，纳税人可自主选择。

（1）自己办。如果纳税人认为自己有能力办理汇算清缴，那么可以选择自行办理个人所得税的年度汇算清缴。

（2）单位办，即请任职受雇单位办理。如果纳税人自己没有条件办理汇算清缴，可以委托单位办理，单位不得拒绝；单位也可以培训、辅导纳税人，帮助其通过网上税务局自行完成年度汇算申报和退（补）税。纳税人有两处以上单位的，选择其中一个单位所在地的税务机关作为汇算申报税务机关。

纳税人委托单位代办年度汇算清缴的，需要在 4 月 30 日前与单位进行书面确认，同时将除本单位以外的上一年全部综合所得收入、扣除项目、享受税收优惠等信息资料如实提供给单位（扣缴义务人），并对真实性、准确性、完整性负责。

（3）请人办。纳税人可以委托税务咨询所、会计师事务所等涉税专业服务机构或其他单位及个人办理年度汇算清缴。

当然，单位或者其他受托人在为纳税人办理年度汇算清缴后，应当及时将办理情况告知纳税人。纳税人如果发现申报信息存在错误，可以要求其办理更正申报，也可以自行办理更正申报。

2.汇算清缴的渠道

纳税人可以通过以下3个渠道办理个人所得税汇算清缴。

（1）通过网上税务局办理。税务机关建设的网上税务局有个人所得税汇算清缴的功能，这种方式非常方便，效率也很高。网上税务局个人所得税的汇算清缴，税务机关会按一定规则给纳税人提供申报表预填服务。

（2）纳税人可以到主管税务机关的办税服务厅办理汇算清缴。

（3）通过邮寄方式办理。按规定，各省（区、市）应指定专门受理邮寄申报的税务机关，并向社会公告。纳税人如选择邮寄申报，需要根据自己的实际情况，将申报表寄送至相应地址。

有任职受雇单位的纳税人，需要将申报表寄送至任职受雇单位所在省（区、市）税务局公告指定的税务机关；没有任职受雇单位的纳税人，需将申报表寄送至户籍或者经常居住地所在省（区、市）税务局公告指定的税务机关。所谓经常居住地，是指在中国境内申领居住证，则以居住证所记载地址为经常居住地；没有申领居住证的，则以现在居住地为经常居住地。

> **纳税人的担心**
>
> 纳税人在办理汇算清缴时,总会有些担心:
>
> 一是记不清自己的年收入;
>
> 二是不知道怎样才能算出自己应该补税还是退税,具体补多少或者退多少;
>
> 三是确定不了是否符合豁免条件。
>
> 针对以上问题,纳税人可以通过以下途径解决:
>
> (1)纳税人可以向扣缴单位提出要求,按照规定,单位有责任将已经发放的收入和已预缴税额等情况告诉纳税人;
>
> (2)纳税人可以登录网上税务局(包括手机个人所得税 App),查询本人年度收入和纳税申报明细记录;
>
> (3)办理年度汇算清缴时,税务机关将通过网上税务局,根据一定规则为纳税人提供申报表预填服务,如果纳税人对预填信息没有异议,系统会自动计算出应补或应退税款,纳税人就可以知道自己是否符合豁免条件了。

六、退税与补税

汇算清缴的结果是多退少补。如果汇算清缴后发现多交税款或者少交了税款,那么多交的税款要退出来,少交的税款要补进去。具体退税和补税的方式如下。

1. 退税

申请退税的方式很简单，纳税人年度汇算清缴后发现多交了税款，需要退税的，可以在申报表的相应栏次勾选"申请退税"，税务机关按规定程序审核后，即可办理退税。当然，要想及时、准确地退税，纳税人必须提供准确的个人身份信息及银行账户信息。

对于年综合所得达不到6万元的纳税人，因偶然情况，如工资、薪金收入月度之间不均衡，或劳务报酬、稿酬、特许权使用费偶发性被预扣预缴了个人所得税，税务机关会推送提示信息、预填简易申报表，纳税人只需确认已预缴税额、填写本人银行账户信息，即可通过网络实现快捷申请退税。

2. 补税

补税的渠道非常多，纳税人可以通过网上银行、办税服务厅POS机刷卡、银行柜台、非银行支付机构（即第三方支付）等方式缴纳应补税款。

第二十章　职工福利与个税

给职工发放福利是每个企业在经营管理过程中常做的事情，但福利的发放要考虑税法的规定，慎重选择发放的方式，否则不仅会多交税，甚至会产生滞纳金和罚款。

一、选择高薪还是股权激励

对企业的一般员工而言，由于其每月按时领取工资，不涉及股权问题，因此也就不存在高薪与股权激励的选择问题；但对企业高管而言，有时就需要面对这样的选择，因为不同选择带来的税收后果是不一样的。

我们都知道工资、薪金所得被纳入综合所得，适用3%~45%的超额累进税率。如果企业高管有几百万的年薪，那么一般需要按照45%的税率缴纳个人所得税。这种情况下，有些企业就会选择股权激励的方式。

所谓股权激励，就是企业将自己的股权在一定条件下授予本企业员工。

股权激励对上市公司和非上市公司的规定是不一样的。非上市公司的股权激励包括股票期权、股权期权、限制性股票和股权奖励额。股权激励只要符合规定条件，可适用递延纳税的税收优惠政策。即员工在取得股权时，可暂不纳税，递延至转让股权时纳税。计算公式如下：

应纳税额 = 股权转让收入 -（股权取得成本 + 合理的税费）× 20%（财产转让所得项目）

上市公司的股权激励包括股票期权、股票增值权、限制性股票和股权奖励。个人可自股票期权行权、限制性股票解禁或取得股权奖励之日起在不超过 12 个月的期限内缴纳个人所得税。

股权激励符合条件的，不并入当年综合所得，全额单独适用综合所得税率表计算应纳税额。计算公式如下：

应纳税额 = 股权激励收入 × 适用税率 - 速算扣除数

二、视同分红

在税收制度上有很多"视同"，在增值税和企业所得税上有视同销售这个概念。简单来讲，就是纳税人没有销售，但是在税收上视同纳税人已经销售了，既然视同销售了，自然要征税。例如，在增值税上，纳税人将购进、自产或委托加工的货物免费赠送他人，要视同销售征收增值税；在企业所得税上，企业把自己的资产用于交际应酬，要视同销售，征收企业所得税。

在税收上，除了视同销售，还有个视同分红。

顾名思义，视同分红就是当企业的股东无偿拿走了企业的资产归为己有，虽然拿走资产不是分红，但是在税收上要视同分红征收个人所得税。例如，企业为股东或其家庭成员支付旅游费、购车费、房屋装修费等的费用；股东从企业借款在一个纳税年度以上不还，并且没有用于生产经营的。

另外，在企业所得税上，受控外国企业应当对中国企业分红而不分红的，这种情况下税务机关可以进行特别纳税调整，视同外国企业已经分红，国内企业应该按分红所得缴纳企业所得税。

三、取暖费中的个税

> [案例 20-1]

　　冬天来了，供暖季马上到了，各单位陆续开始给职工发放取暖费。刚履新的王某想在企业树立一个关心员工生活的形象，于是交代财务部将职工取暖费的金额在去年的基数上调增 10%。

　　拿着比往年多了一些的取暖费，员工自然喜气洋洋，感觉王某这位领导真不错。

　　企业所得税汇算清缴结束以后，税务机关开始对王某的公司进行日常检查。查到取暖费时，税务人员对王某说，取暖费是要征收个人所得税的，而企业要履行代扣代缴义务。

　　王某对此提出质疑，他认为取暖费属于职工福利，而按照《个人所得税法》的规定，福利费是免税的。税务人员表示，《个人所得税法》确实有福利费免税的规定，但《个人所得税法》对什么是免税的福利费没有做出解释，这个解释在《个人所得税法实施条例》中。

　　根据《个人所得税法实施条例》的规定，免征个人所得税的福利费是指根据国家有关规定，从企业、事业单位、国家机关、社会团体提留的福利费或者工会经费中支付给个人的生活补助费。

　　这里所说的生活补助费，是指由于某些特定事件或原因而给纳税人本人或其家庭的正常生活造成一定困难，其任职单位按国家规定从提留的福利费或者工会经费中向其支付的临时性生活困难补助。而无论从哪个角度看，取暖费都不属于临时性的生活困难补助费。

关于取暖费的征税问题，根据《国家税务总局关于生活补助费范围确定问题的通知》（国税发〔1998〕155号），下列收入不属于免税的福利费范围，应当并入纳税人的工资、薪金收入计征个人所得税：

（1）从超出国家规定的比例或基数计提的福利费、工会经费中支付给个人的各种补贴、补助；

（2）从福利费和工会经费中支付给单位职工的人人有份的补贴、补助；

（3）单位为个人购买汽车、住房、电子计算机等不属于临时性生活困难补助性质的支出。

取暖费就属于从职工福利费中支出的"人人有份的补贴"，因此，取暖费应当计入当期工资、薪金收入，计算缴纳个人所得税。

另外，根据《企业所得税法》的规定，职工福利费只能在工资总额14%的范围内进行扣除，如果上述企业的扣除比例已经超过了14%，那么要做纳税调增处理。这种情况下，该企业不仅要补税，还要缴纳滞纳金与罚款。

四、防暑降温费与高温津贴中的个税

▶ ［案例20-2］

三伏天，高温持续不降，连续多天气温在36℃左右。某建筑工地没有停工，为了防止高温中暑，企业负责人一边安排食堂给室外工作的工人熬制绿豆汤，一边安排财务部为工人发放高温津贴。

工人对企业的做法交口称赞，工程进度也没有因高温而耽误。绿豆汤熬了，津贴也发了，但会计犯难了，该公司前段时间刚发过防暑降温费，这次的高温津贴不知道该如何走账。

这个案例中，熬制绿豆汤所花的钱，即使取得了增值税专用发票，也不能抵扣税款，但在企业所得税上，可按劳动保护费在企业所得税前全额扣除。至于高温津贴，在个人所得税上，可并入工资、薪金所得预扣个人所得税；在企业所得税上，可按工资、薪金在企业所得税前全额扣除。

对于刚发完防暑降温费又发高温津贴，会计处理上是否存在问题，其实互不影响。防暑降温费是每个员工都有的福利，而高温津贴是在气温达到35℃时室外工作人员，以及工作场所的温度不能有效降低到33℃以下的工作人员才有的福利。防暑降温费应按职工福利费在企业所得税前限额扣除，对于职工个人，防暑降温费要并入工资、薪金所得预扣个人所得税。

五、员工用餐的个税问题

关于员工用餐的个税问题，也许有人会说："员工用餐与税有什么关系？别危言耸听了。"员工用餐究竟与税有没有关系？关键要看用谁的钱吃，以什么方式吃。

如果员工花自己的钱在企业的食堂用餐，这种就如同员工自己在街边的餐馆用餐或叫外卖一样，的确与税没什么关系；如果花企业的钱用餐，就要分情况处理了。

1. 直接补贴食堂

如果企业将员工用餐的费用按一定的金额直接补贴给食堂，员工吃饭时免费，那么这种情况下员工不缴纳个人所得税。理由在于，这属于员工人人都享有的福利，且无法准确计算每个员工实际得到的利益。

2. 发放误餐补助

企业对因工作原因不能按时回单位吃饭的员工发放的误餐补助,按规定不缴纳个人所得税。

3. 办理就餐卡

如果企业给每位员工办理就餐卡,定时定额向就餐卡里打钱,由员工拿着就餐卡在餐厅划卡吃饭,那么企业给员工打进卡里的钱,就要归入工资、薪金所得缴纳个人所得税。

4. 随工资发放

如果企业将给员工的用餐补助每月随工资发放,那么这笔钱要随工资、薪金所得一起缴纳个人所得税。

▶ [案例20-3]

乙公司是一家高科技企业,公司效益不错,员工的工资也较高,但每到发工资时,预扣预缴的个人所得税都是一个大数字,对此员工多有抱怨。另外,由于员工的工资、薪金高,社保费对公司来说也是一笔不小的费用,这让公司负责人感到了压力,于是让财务部想办法解决此事。

有人给乙公司出了个主意,让公司把员工的工资、薪金分两部分发放。一部分是工资、薪金,另一部分是误餐补助。之所以分两部分发放,是因为按规定误餐补助属于不征税收入。如果这样操作,对员工而言,工资、薪金少了,个人所得税也少了,但加上误餐补助,收入一分钱也不会少,员工自然很高兴;对公司而言,工资、薪金少了，社保的计费基数低了，交的社保费也少了，公司的负担轻了，公司负责人自然也很高兴。

实务中，很多企业都会像乙公司这样为了少交点税而想尽了办法。然而，现实中的税务处理则没有这么简单。事实上，《个人所得税法》规定的不征税的误餐补助，是指员工个人因公在城区、郊区工作，不能在工作单位或返回就餐，确实需要在外就餐的，根据实际误餐顿数，按规定的标准领取的误餐费。

除此以外，单位以误餐补助名义发给员工的补贴、津贴，属于工资、薪金所得，应并入当月工资、薪金所得计征个人所得税。

六、发放补贴不按规定扣缴个税的处罚

> [案例20-4]

甲公司接受税务稽查，稽查人员调取了该公司2020年与2021年两个年度的账册、凭证、会计报表等涉税资料，经检查发现了如下问题：

（1）该公司对部分董事会在职成员发放了董事费，发放当月未按规定将其与工资、薪金所得合并计入当月应纳税所得额，而是按劳务报酬税目代扣代缴了个人所得税；

（2）以现金形式发放员工住房补贴，未按规定代扣代缴个人所得税。

税务稽查部门决定对甲公司未按税法规定代扣代缴个人所得税，造成少交税款的行为，处以罚款约20万元。

根据规定，董事费按劳务报酬所得项目征税，仅适用于个人担任企业董事、监事，且不在企业任职、受雇的情形。个人在企业（包括关联企业）任职、受雇，同时兼任董事、监事的，应将董事费、监事费与个人工资收入合并，统一按工资、薪金所得项目缴纳个人所得税。

企业以现金形式发放给个人的住房补贴，应全额计入领取人的当期工资、薪金收入计征个人所得税。

第二十一章　个人所得税疑难问题的处理

作为纳税义务人，无论是单位还是个人，都应了解个人所得税的相关政策与规定，主动履行纳税义务，遇到问题及时解决，这对防范自身的税收风险十分必要，不可等闲视之。

一、退休人员收入的个税处理

> [案例 21-1]

　　李某单位的效益不好，员工可以提前退休。李某想提前退休再找一份工作，这样薪资不但能比以前高，还能拿到一笔退休补偿金。于是，李某在还没有达到退休年龄时，提前办理了退休手续，单位一次性发放李某补偿金 90 000 元。但他听同事说，拿到手的钱可能没有 90 000 元，还需要缴纳个人所得税。

　　李某找到单位的会计人员了解情况。会计人员告诉他，补偿金是 90 000 元，但单位要按规定代扣代缴个人所得税。

退休人员的收入是否需要缴纳个人所得税，一直是退休人员较为关注的问题。针对退休人员的收入，并不是所有的都要交税，需要具体问题具体分析。

1. 征收规定

（1）退休人员的退休工资，不需要缴纳个人所得税。

（2）退休人员从原任职单位取得的退休工资或养老金以外的各类补贴，按工资、薪金所得缴纳个人所得税。另外，单位过年给退休人员发放的一些慰问金和其他的慰问品，包括米、面、油等，要按规定缴纳个人所得税。

（3）退休人员再任职取得的收入，需要缴纳个人所得税。

（4）对于没到退休年龄提前退休的人员，单位会给一次性补贴，对个人提前退休取得的一次性补贴收入，按规定要缴纳个人所得税。计算公式为：

应纳税额＝[（一次性补贴收入÷办理提前退休手续至法定退休年龄的实际年度数－费用扣除标准）×适用税率－速算扣除数]×办理提前退休手续至法定退休年龄的实际年度数

2. 能否享受个税专项附加扣除

退休人员再次聘用，发挥余热是一种常见现象，然而对于再聘后的收入是以工资、薪金所得还是以劳务报酬所得缴纳个人所得税，专项附加能否税前扣除等问题，很多人都不是很清楚。

根据规定，按工资、薪金所得缴纳个人所得税的条件如下：

（1）受雇人员与用人单位签订一年以上（含一年）劳动合同（协议），存在长期或连续的雇用与被雇用关系；

（2）受雇人员因事假、病假、休假等原因不能正常出勤时，仍享受固定或基本工资收入；

（3）受雇人员与单位其他正式职工享受同等福利、培训及其他待遇；

（4）受雇人员的职务晋升、职称评定等工作由用人单位负责组织。

符合上述条件的退休再聘人员的薪酬，可以作为工资、薪金所得，对其符合条件的专项附加扣除项目在预扣预缴个人所得税时采用累计扣税法处理；不符合上述条件的，应作为劳务报酬处理，专项附加扣除在年度汇算清缴期间办理。

二、赔偿款是否应该纳税

> [案例 21-2]
>
> 李某是位老中医，医术水平很高，在当地颇有名气。某医药公司为了宣传，在未经李某的同意下，擅自用其肖像做了药品广告。
>
> 李某与医药公司交涉，医药公司不但拒绝撤掉广告，反而认为李某此举是没事找事。李某一气之下将医药公司告上了法庭，要求医药公司就侵犯其肖像权一事进行道歉和赔偿。
>
> 法院的判决支持了李某的诉讼请求。医药公司不仅登报道歉，而且向李某进行了赔偿。这种情况下，李某拿到的赔偿款是否需要缴纳个人所得税呢？

这是我在实务工作中遇到的一个真实案例，对于李某拿到的这笔赔偿款是否应当缴纳个人所得税，有两种不同的观点。

第一种观点，应当缴纳个人所得税。原因在于，无论医药公司是否征得了李某的同意，或者是否侵犯了李某的肖像权，李某的这笔赔偿款都是因为肖像使用而取得的收入。因肖像权而取得的收入应属于个人所得税中特许权使用费的税目。所以，李某有义务纳税。

第二种观点，不应当缴纳个人所得税。原因在于，虽然《个人所得税法》对人身权受到伤害取得赔偿款的纳税事宜没有做出明确规定，但是依据税收征收的基本原则，对特许权使用费的征税应针对财产性权利取得的利益，如商标权、专利权等，而作为肖像权的人身权本不属于财产性权利，故不应在特许权使用费的征税范围内。至于个人已经商业化运作的人身权，因为其已转化为财产权的一种形式，所以属于个人所得税的征税范围。例如，演艺人员用自己的肖像做广告获取财产性的利益等。

针对以上两种观点，我认为第二种是正确的。

三、失业补偿是否应该纳税

> [案例21-3]

王某在一家外向型企业工作，近期企业停工停产，作为企业高管的王某也失业了。企业承诺给王某30万元作为失业补偿并与其解除了劳动合同。后来，王某发现打到卡上的钱比企业承诺的少了很多，于是向企业会计人员询问，会计人员给出的解释是代扣代缴了个人所得税，因为企业给王某的失业补偿超过了当地上年职工平均工资（6.5万元）3倍数额。

王某对会计人员的解释很不满意，他认为自己都失业了，没有了经济来源，但房贷、小孩的学费等一个都不能少交，需要靠这些钱支撑到下一次就业，经济压力已经很大了，为什么还要缴税呢？

根据《财政部 税务总局关于个人所得税法修改后有关优惠政策衔接问题的通知》（财税〔2018〕164号），个人与用人单位解除劳动关系取得一次性补偿收入（包括用人单位发放的经济补偿金、生活补助费和其他补助费），在当地上年职工平均工资3倍数额以内的部分，免征个人所得税；超过3倍数额的部分，不并入当年综合所得，单独适用综合所得税率表，计算纳税。

这个案例中，当地上年职工平均工资为 6.5 万元，其 3 倍是 19.5 万元。王某收到的补偿是 30 万元，已经远远超过了这个数额，所以企业应代扣代缴个人所得税，否则税务机关会依据《税收征管法》对企业进行处罚。

四、资本公积转增股本的个税问题

资本公积转增股本需要缴纳个人所得税，对此，财政部和国家税务总局出台了不少文件。其中，《国家税务总局关于进一步加强高收入者个人所得税征收管理的通知》（国税发〔2010〕54 号）明确规定，对以未分配利润、盈余公积和除股票溢价发行外的其他资本公积转增注册资本和股本的，要按照"利息、股息、红利所得"项目，依据现行政策规定计征个人所得税。《财政部 国家税务总局关于将国家自主创新示范区有关税收试点政策推广到全国范围实施的通知》（财税〔2015〕116 号）进一步确认，个人股东获得转增的股本，应按照"利息、股息、红利所得"项目，适用 20% 税率征收个人所得税。

在所有资本公积转增股本征收个人所得税的规定中有一个例外，即股份制企业股票溢价发行收入所形成的资本公积转增股本，不作为个人应税所得征收个人所得税。

资本公积转增股本之所以要缴纳个人所得税，原因很简单，资本公积是企业的财产，所有权是企业的，转增股本以后所有权变成了个人，就如同企业把属于企业的财产送给了个人股东。尽管在资本公积转增股本的过程中，个人股东没有现金的流入，但所得的概念并不仅仅是现金，也包括实物、有价证券和其他形式的经济利益。因此，股东个人有了所得自然要缴纳个人所得税。

五、从多处取得收入的个税问题

对于劳动者能否从两处及以上单位取得工资收入，从目前的法律规定来看，无论是《中华人民共和国劳动合同法》（以下简称《劳动合同法》）还是《个人所得税法》，都支持劳动者在两处及以上单位取得工资收入。但是，《劳动合同法》对此有条件限制，该法第六十九条规定"从事非全日制用工的劳动者可以与一个或者一个以上用人单位订立劳动合同；但是，后订立的劳动合同不得影响先订立的劳动合同的履行"。简单来讲，只有从事非全日制用工的劳动者，才可以从两处及以上单位取得工资收入。

《劳动合同法》第六十八条规定："非全日制用工，是指以小时计酬为主，劳动者在同一用人单位一般平均每日工作时间不超过四小时，每周工作时间累计不超过二十四小时的用工形式。"

按上述规定，如果是全日制用工，就只能与一个单位签订劳动合同，取得的收入为工资、薪金所得；如果兼职从其他单位取得收入，应属于劳务报酬所得，而非实质意义上的工资、薪金所得。

区分工资、薪金所得与劳务报酬所得在税法上具有重要意义。原因在于，在计算个人所得税，特别是预扣预缴时，按工资、薪金所得和按劳务报酬所得计算出的预扣预缴数额是不一样的，虽然年终还要汇算清缴，但是资金是有时间成本的。

即便是汇算清缴，工资、薪金所得可以直接作为收入额计算个人所得税的应纳税所得额；劳务报酬所得在 4 000（含）元以下的，应将扣除 800 元后的余额作为收入额，而 4 000 元以上的，应将扣除 20% 后的余额作为收入额。因此，工资、薪金所得与劳务报酬所得归集的收入额是不一样的，计算出来的应纳税所得额自然也不一样，最后会影响纳税人的应纳税额。

六、个人独资企业与合伙企业的利息收入

个人独资企业与合伙企业的利息收入应遵循个人所得税的相关规定缴纳税款。根据利息收入的来源不同,可以分为以下几类进行处理。

1. 从事生产经营以及与生产经营有关的活动所取得的利息收入

个人独资企业和合伙企业从事生产经营及与生产经营有关的活动所取得的利息收入,如借款利息收入,作为投资者个人的生产经营所得,按照《个人所得税法实施条例》中"个体工商户从事生产、经营活动取得的所得"应税项目,适用 5%~35% 的五级超额累进税率,计算缴纳个人所得税。

2. 对外投资分回的利息

个人独资企业和合伙企业对外投资分回的利息,不并入企业的收入,而应单独作为投资者个人取得的利息、股息、红利所得,按"利息、股息、红利所得"应税项目计算缴纳个人所得税。

3. 从事债券交易取得的所得

个人独资企业和合伙企业从事债券交易取得的所得,应全部纳入生产经营所得,依法缴纳个人所得税。

4. 购买银行理财产品取得的利息

以个人独资企业名义购买银行理财产品取得的利息,应当按个体工商户生产经营所得税目缴纳个人所得税。

七、偶然所得的个税问题

1. 彩票中奖的征税规定

▶ [案例21-4]

王某买的体育彩票中了三等奖,奖金11 000元,他过去最高中过四等奖,奖金9 000元,没想到这次中了三等奖,这让他很激动。

王某高高兴兴地到体彩中心兑奖,钱到手后,他一数只有8 800元。对此,他询问体彩中心的工作人员是否搞错了?对方告诉王某没有错,奖金的11 000元是税前,税后是8 800元。

王某表示那也不对,他之前中过四等奖,奖金是9 000元,拿到手后还是9 000元,为什么那次没有扣税呢?对方解释说:"按税法规定,奖金10 000元及以下是免税的,10 000元以上要征税,税率是20%。"

王某听后更生气了,他认为自己还不如中四等奖呢!中了三等奖,奖金反而比四等奖拿得少,这有点不太合理。

其实,这个案例中体彩中心工作人员的解释是正确的,只是相关机构在奖金设计时出了问题,其没有考虑到税的事儿,所以才会出现中了三等奖,拿的奖金反而比四等奖还要少的情况。

按税法的规定,个人购买彩票,一次性中奖收入不超过10 000元的,暂免缴纳个人所得税;超过10 000元的,应按税法规定全额缴纳个人所得税。简单来讲,10 000元是个临界点,过了10 000元就要全额征税,税率为20%。所以,上述案例中王某拿到的奖金数额如下:

王某应纳税款=11 000×20%=2 200(元)

王某拿到的奖金=11 000-2200=8 800(元)

彩票管理中心在设计奖金的等次时，应充分考虑税收临界点的问题。经测算，中奖金额在 10 000 元至 12 500 元之间是非有效区间，即在这个区间内发的奖金会少于 10 000 元。所以，彩票管理中心在设计奖金数额时，应当规避这样一个区间，将中奖金额定在 10 000 元及以下或 12 500 元以上。这样就不会出现上述案例中王某中了三等奖，拿到的奖金反而不如四等奖的多的怪事儿了。

2. 网络红包的征税规定

目前，网络红包是大家非常喜欢的一种娱乐方式，逢年过节、有喜事都会发红包，或祝福或贺喜。很多企业也从中看到了商机，做广告、促销等都会用红包开道，且效果比赠送小礼品、发纪念品要好，但对于交不交税、由谁来交等问题，很多人都不太明白。

财政部、税务总局联合发布的《关于个人取得有关收入适用个人所得税应税所得项目的公告》（财政部 税务总局公告 2019 年第 74 号）规定，企业在业务宣传、广告等活动中，随机向本单位以外的个人赠送礼品（包括网络红包，下同），以及企业在年会、座谈会、庆典及其他活动中向本单位以外的个人赠送礼品，个人取得的礼品收入，按照"偶然所得"项目计算缴纳个人所得税，但企业赠送的具有价格折扣或折让性质的消费券、代金券、抵用券、优惠券等礼品除外。

从该公告来看，要征税的网络红包，仅指企业向个人发放的网络红包，而自然人之间互相赠送的网络红包，不征收个人所得税。

3. 抽奖的征税规定

▶ [案例 21-5]

某商场十周年店庆，顾客李某抽得特等奖 6 000 元，但其拿到钱后发现只有 4 800 元，于是李某向商场询问钱少了的原因。商场的回答是按规定代扣代缴了 1 200 元的个人所得税。李某对此表示质疑，他认为抽奖 10 000 元以下应该免税，为什么要扣缴个人所得税呢？

根据税法规定，抽奖属于偶然所得，偶然所得应按每次取得的收入额的 20% 计算缴纳个人所得税，由支付单位和个人代扣代缴。至于 10 000 元及以下免征个人所得税的优惠，只适用于个人购买福利彩票和体育彩票，其他的抽奖不适用该政策。李某参与的抽奖活动既不属于福利彩票，也不属于体育彩票，所以商场按 6 000 元乘以 20% 代扣代缴个人所得税的做法是正确的。

八、垫付住院费的个税问题

▶ [案例 21-6]

陈某是某厂的工人，某天上班时突发急病，被送到医院后医生要求住院治疗。在未能及时联系上家属的情况下，厂里先垫付了 10 000 元住院费。

过了一个月，陈某出院了。因为做了手术和服用进口药，所以陈某这次住院的医疗费用较高。为了帮助陈某减轻经济压力，经厂里研究决定，特将之前为陈某垫付的 10 000 元作为福利费在厂里报销了。

第二年6月,厂里会计告诉陈某税务局来查账了,给其报销的10 000元住院费惹了大麻烦,属于违规操作,需要补税,还要交罚款。

这个案例中,由于陈某所在的工厂为工人上了医疗保险,因此为陈某垫付的10 000元不能作为福利费在企业所得税前扣除。另外,该厂给陈某报销的这10 000元,应按工资、薪金所得预扣预缴个人所得税。

九、个人经营所得与劳务报酬的个税问题

个人经营所得与劳务报酬所得在税法上有相同的项目,如咨询、医疗所得,其在《个人所得税法》上既属于个人经营所得,也属于劳务报酬所得。

个人经营所得和劳务报酬所得在计算个人所得税时有很大的不同。

个人经营所得要按5级超额累进税率计算应纳税额,而劳务报酬所得要并入综合所得按7级超额累进税率计算应纳税额。同时,两者的扣除项目也不同,因此计算出来的应纳税额是不一样的。并且,个人经营所得可以核定征收,而劳务报酬所得不能核定征收。一般情况下,核定征收的税负相对较低。所以,区分两者的不同,对每个人都具有十分重要的意义。

对于自然人,税法没有明确规定什么是劳务报酬所得、什么是经营所得。实务中,我们应将需要取得政府相关部门许可(如营业执照、教育培训资质等)才能开展工作的项目所得视为经营所得,对此不存在争议;而对不需要取得政府许可的项目所得,究竟属于自然人的劳务报酬所得还是经营所得,对此存在不小的争议。

我认为,可以从行为特征与合同的内容上做出判定。个人劳务报酬所得

一般是一次性的,并且个人对整个项目不承担风险;而个人经营所得是个持续的过程,经营者对整个项目承担风险,劳务的提供者仅就劳务本身承担违约责任,最终项目的结果属于经营者而非劳务的提供者。

十、亏钱的个税问题

> [案例21-7]

　　甲借给乙100万元,合同约定年息20%(利息20万元),到期还本付息。乙经营失败,到期无法还钱,所以将名下评估价为95万元的房产转给甲还债。税务机关要求甲按合同约定的利息缴纳个人所得税,对此甲很困惑,他认为合同虽然约定了20万元的利息,但其不仅没拿到20万元利息,还赔了5万元本金,根本就没有所得,为什么还要缴纳个人所得税呢?

这个案例中,甲虽然赔了钱,但赔的是本金,不是利息。根据《最高人民法院关于适用〈中华人民共和国合同法〉若干问题的解释(二)》第二十一条的规定,债务人除主债务之外还应当支付利息和费用,当其给付不足以清偿全部债务时,并且当事人没有约定的,人民法院应当按照下列顺序抵充:

(1)实现债权的有关费用;

(2)利息;

(3)主债务。

因此,根据该解释,甲取得的财产抵偿物,应该先抵充利息20万元。甲既然取得了利息20万元,自然应该遵照《个人所得税法》缴纳个人所得税。

十一、转让股权的个税问题

随着经济的发展,个人股权转让成了一种很常见的经济活动。按税法规定,转让股权的收入要缴纳个人所得税。

1. 核定征收的情况

股权转让收入包括取得的现金、实物、有价证券,违约金、补偿金,以及其他名目的款项、资产、权益等的经济利益。总之,纳税人股权转让收入应当按照公平交易原则确定,若非如此,则由税务机关核定。

国家税务总局公告2014年第67号规定,当纳税人有以下几种情况时,税务机关可以核定征收:

(1)申报的股权转让收入明显偏低且无正当理由的;
(2)未按照规定期限办理纳税申报,经税务机关责令限期申报,逾期仍不申报的;
(3)转让方无法提供或拒不提供股权转让收入的有关资料;
(4)其他应核定股权转让收入的情形。

2. 税收强制执行措施

▶ [案例21-8]

王某持有甲公司25%的股权,由于甲公司经营情况不太好,于是王某决定将股权转让给李某。李某对甲公司的未来充满了信心,两人很快达成了股权转让协议,并办理了股权转让登记。协议价格高于王某当初购买股权价格的20%。在此次的股权交易过程中,李某未代扣代缴个人所得税,王某也未主动申报缴纳个人所得税。

在股权交易的专项税务检查中,税务机关发现了王某和李某这笔股权交易未缴纳个人所得税的事实。对此,税务机关做出了如下处理:

首先,依据《税收征管法》对李某不履行代扣代缴义务的行为进行了处罚;

其次,通知王某限期缴纳税款和滞纳金。

然而,王某在限期内拒不缴纳税款和滞纳金,理由是在股权交易过程中没有人告诉他要缴税,他觉得很冤枉,顶多补交税款,但滞纳金不应该交。

这是我在实务工作中遇到的一个案例,对于王某不服从税务机关处理决定的行为,税务机关能否采取强制执行措施,有两种不同的观点。

第一种观点认为,税务机关的税收强制执行措施,只是针对从事生产经营的纳税人,而对自然人不能采取强制执行措施,因为《税收征管法》没有授予税务机关这样的权利。

第二种观点认为,税务机关可以对自然人采取强制执行措施,理由是虽然《税收征管法》第三十七条、第三十八条、第四十条、第五十五条对采取保全措施和强制执行措施,都要求是从事生产经营的纳税人,但该法第六十八条规定,"纳税人、扣缴义务人在规定期限内不缴或者少缴应纳或者应解缴的税款,经税务机关责令限期缴纳,逾期仍未缴纳的,税务机关除依照本法第四十条的规定采取强制执行措施追缴其不缴或者少缴的税款外,可以处不缴或者少缴的税款百分之五十以上五倍以下的罚款。"

该条的义务主体很清楚,是纳税人的扣缴义务人,这里的纳税人指所有纳税人,而不仅仅指从事生产经营的纳税人。如同该法第八十八条规定的义务主体是当事人一样。这里的当事人不仅仅包括纳税人、纳税担保人、扣缴义务人，还有其他所有税务机关的行政相对人。

我们都清楚，第六十八条、第八十八条的义务主体要比第四十条的义务主体范围大得多，因为第四十条的义务主体强调的只是从事生产经营的纳税人。如果像某些人理解的那样，无论是第六十八条还是第八十八条，都要依据第四十条的规定采取强制执行措施，那么它的义务主体也应当由纳税人和当事人转变为第四十条的义务主体，即从事生产经营的纳税人。如果义务主体只是从事生产经营的纳税人，那么第六十八条和第八十八条的规定，除了附加的处罚条款，其他就没有多大意义了。

我支持第二种观点，即税务机关可以对案例21-8中逾期不缴纳税款的王某采取强制执行措施。